OB・現役学生なら知っておきたい大学の真実

明治大学の「今」を読む

造事務所・編

JIPPI Compact

実業之日本社

明治大学の今!!

「権利自由、独立自治」のもと、優秀な人材を育んでいる。

❶ 新たに「中野キャンパス」が誕生

JR 中野駅最寄りに、4つ目となる新キャンパスが 2014 年に完成した。

DATA で見る明治大学（2014 年 5 月現在）

【学生数】 学士課程／ 29,849 人 博士・修士課程、 専門職／ 2,421 人	【学部】 法学部、商学部、政治経済学部、文学部、理工学部、農学部、経営学部、情報コミュニケーション学部、国際日本学部、総合数理学部
【主要キャンパス】 駿河台、和泉、 生田、中野	【付属校】 明治大学付属明治中学校・高等学校、明治大学付属中野中学校・中野高等学校、明治大学付属中野八王子中学校・高等学校 【系列校】 国際大学
【建学の精神（目的）】 権利自由、独立自治	

❷ 駿河台に新拠点「グローバルフロント」

地下２階、地上14階、高さが67メートルもある新校舎が2014年に竣工した。

❸ 威容を感じさせる「リバティタワー」

1998年に完成。地上23階、地下３階、高さ120メートルで、駿河台キャンパス群の中心的存在となっている。

☞さあ、「明治大学の今」を、もっと深く知ろう！

新時代を駆け上がる伝統校「明治大学」 〜まえがき

明治大学の人気が高まっている。

２０１０（平成22）〜２０１３（平成25）年までの4年間、入試の志願者数で全国1位を獲得したのだ。２０１４（平成26）年こそトップの座は譲り渡したものの、それでも全国2位、首都圏1位という相変わらずの人気を誇っている。

ひと昔前までは、〝私大の雄〟と呼ばれる早稲田大学や慶應義塾大学に学生の関心は集中していた。しかし、それも今は昔のことだ。イメージ戦略や入試改革、時代のニーズにあった新学部の創設などにより、私大の勢力図に大きな変革をもたらしつつある。

また、学生の雰囲気も変化している。明治といえば昔ながらのバンカラで、「おしゃれ」とは言えないイメージが定着していた。それが今や、都市型大学として、よりスマートな印象の校風に生まれ変わっているのだ。

このことからもわかるとおり、近年、明治は目覚ましい進化を遂げている。世の大人たちが抱いている明治のイメージとはひと味違った、「新生・明治」が始動していることに本書を通して気づくことになるだろう。

もちろん、古き良き明治の伝統も脈々と受け継がれている。

明治の前身である明治法律学校は、1881（明治14）年1月17日に創立。フランス法学の流れをくむ同学校は、「権利自由、独立自治」を建学の精神に掲げ、これまで数々の卒業生を各界に送り出してきた。2014年に逝去した俳優・高倉健も商学部の卒業生だ。明治は現在、建学の精神を進化させ、「世界へ――『個』を強め、世界をつなぎ、未来へ――」というキャッチフレーズを掲げている。欧州で活躍するサッカー日本代表の長友佑都《ながともゆうと》選手（政治経済学部卒）は、まさにその精神を体現している存在だと言えよう。

また、ラグビーの明早戦では肩を組み、校歌を歌う学生たちの変わらぬ姿が今も見られ、伝統校に受け継がれた「愛校心」は今もなお健在である。

つまり、明治は今、130年以上におよぶ伝統を継承しつつ、新時代を駆け上がろうとしているのだ。変化の流れが加速する今だからこそ、もう一度、明治の魅力を再評価していくことが必要なのではないだろうか。

本書では明治の歴史や伝統を振り返るとともに、「今」の魅力をあますことなく紹介していく。現役生も卒業生も、きっと新しい発見が得られるはずだ。

東京六大学の一角をなす伝統校が新時代へと駆け上がるダイナミズムを、ぜひ読者のみなさんと共有したい。本書がその一助となれば、幸いである。

【目次】

part1
なぜ、志願者数1位になったのか? 明治大学の人気の秘密

part2 昔も今も変わらない 明治大学の名物・名所・名店

part3 明治大学の名を高める**名門運動部**

part4

各界のスターを輩出するOB・OG

part5
創立130年におよぶ明治大学の歴史

part6 明治大学を支える付属校・系列校

part1

なぜ、志願者1位になったのか？
明治大学の人気の秘密

志望者数

首都圏で志願者数ナンバーワン！受験生から熱い視線を集める明治

「明治大学への志願者が早稲田大学を抜いて1位になった」というニュースが話題になったのは記憶に新しい。２０１４（平成26）年こそトップの座を近畿大学（近大）に譲り渡したが、それでも堂々の2位。首都圏では早稲田を押さえて、トップの座を守っている。

「代々木ゼミナール」が実施した調査によると、明治が志願者数で全国1位に躍り出たのは２０１０（平成22）年。前年トップの早稲田を抜いて、11万５７００人が志願した。以来、２０１３（平成25）年まで4年連続トップの座を守り続けた。２０１４年は近大に抜かれたが、その差はわずか３８８人（近大が10万５８９０人、明治が10万５５１２人）。8年連続10万人超えという安定した人気を誇っている明治なだけに、次年度に再逆転する可能性は十分にある（近大は前年まで10万人を切っていた）。何よりも、ライバルの早稲田に勝っていることを誇りに思う明大生も多いはずだ。

人気の理由のひとつには、２０００年代に入って、情報コミュニケーション学部、国際日本学部、総合数理学部という時代のニーズにあった新学部を立て続けに開設したことが

過去4年間の志願者数の多い私立大学ベスト5

	2011年	2012年	2013年	2014年
1位	**明治大学**（113,905人）	**明治大学**（113,320人）	**明治大学**（109,934人）	近畿大学（105,890人）
2位	早稲田大学（113,653人）	早稲田大学（108,527人）	早稲田大学（106,768人）	**明治大学**（105,512人）
3位	法政大学（92,819人）	立命館大学（85,138人）	近畿大学（98,428人）	早稲田大学（105,424人）
4位	日本大学（92,187人）	法政大学（85,129人）	日本大学（92,508人）	日本大学（96,839人）
5位	関西大学（86,463人）	中央大学（84,940人）	法政大学（89,047人）	法政大学（94,808人）

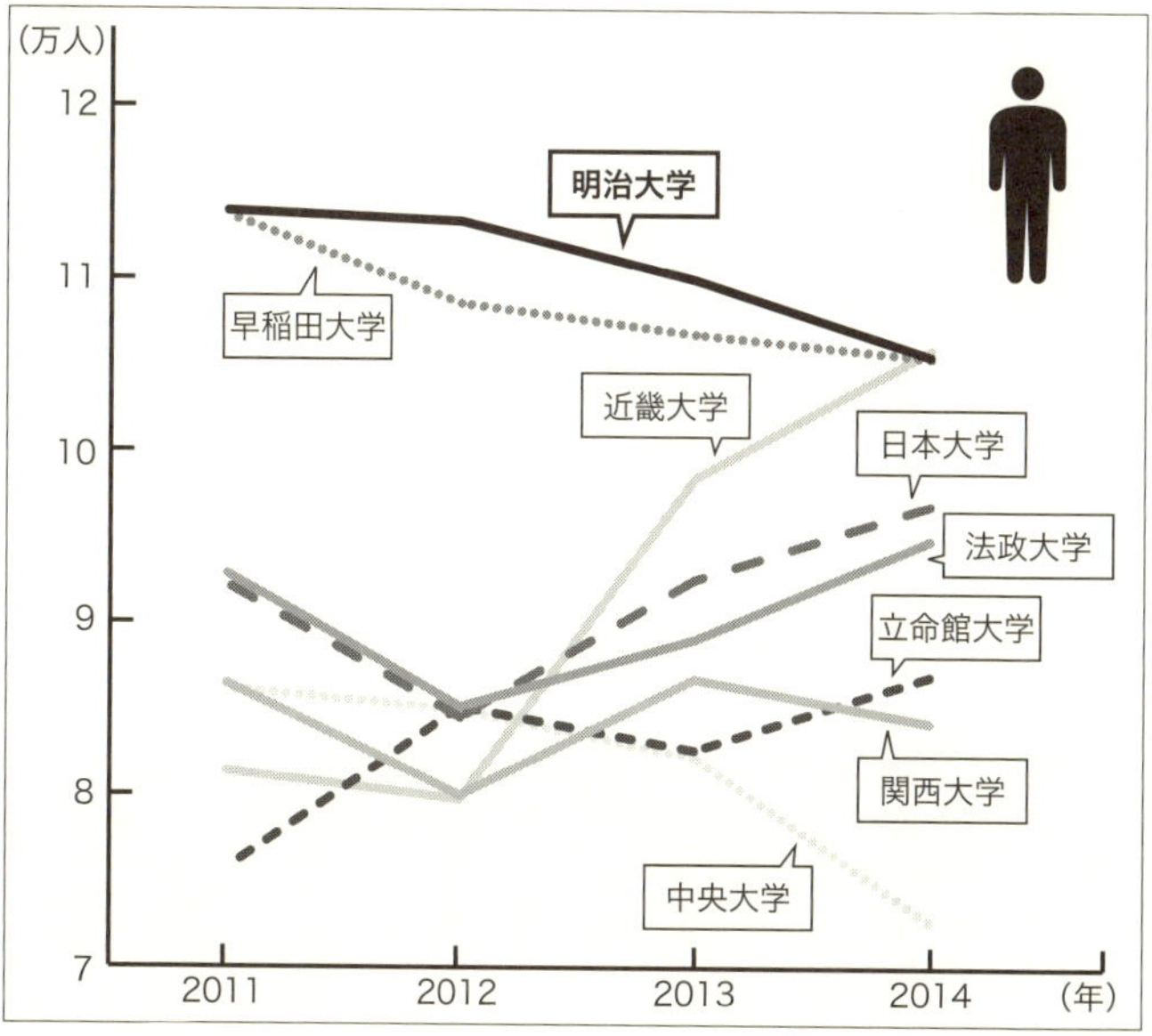

「代々木ゼミナール」の調査をもとに作成

ピーク時から志願者数は減っているものの、依然として高校生からは魅力的な大学として高い人気を維持している。

挙げられる。加速する時代の流れに置いていかれるのではなく、先手を打って対応しようとした明治の攻めの姿勢が受験生に評価されているのだ。

さらに、一般入試とは別に、共通の試験問題によって10学部が同時に実施する「全学部統一入学試験」制度を導入するなど、受験改革に着手したことも追い風になった。都心にキャンパスが集中し、都市型大学のイメージが定着したことも、明治の人気を後押ししている。

一方、「現役入学志向が高まり、受験生が無理をしなくなった」という意見もある。つまり上位校の早稲田や慶應義塾に無理して挑戦するよりは、偏差値でワンランク下の明治で手を打つ学生が増えてきたという推測である。実際になくもない話だ。「リクナビ進学」が２０１４年に発表した「高校生に聞いた大学ブランドランキング」では、「親しみやすい」のジャンルで明治が関東1位になっている。「親しみやすさ」が「受験しやすさ」につながっているのだろうか。

しかし、こうして、志願者数が増えれば経営も安定するし、何よりも優秀な学生を獲得できるチャンスが増える。「明治は入りやすいから志願者が集まるんだ」などと言われているうちに私大最難関の座を奪取するなんてこともありえるかもしれない。ＯＢ・ＯＧはもちろん、明大生、大学関係者もそう願っていることだろう。

校風

バンカラはもう古い？ イメージ改革でおしゃれな大学第3位に

明治大学といえば、かつてはバンカラなイメージがあり、お世辞にもおしゃれな大学とは思われていなかった。学生運動の立て看板とゲバ文字がキャンパスにあふれ、学生服に下駄を履いた応援団が闊歩《かっぽ》していた時代もある。どちらかというと硬派なイメージで鳴らしていた大学だった。

それはそれで明治のブランドのひとつではあったのだが、「男くさい」「田舎っぽい」というイメージがあったこともたしかである。そのため、早稲田大学や慶應義塾大学か、ミッション系大学の立教大学や青山学院大学の男子学生のほうが女子大生からの人気が高く、明治はどことなく端に追いやられていた感があった。合コンでも明治の人気はいまひとつ……という苦い経験をした明大生はたくさんいたはずだ。

しかし、現在ではそのイメージが変わりつつある。

２０１４（平成26）年に「リクナビ進学」が発表した「高校生に聞いた大学ブランドランキング」の「おしゃれ」部門（関東地区）では、前述のイメージに反して、なんと明治

おしゃれな大学イメージランキング（関東限定）

順位	大学名	割合
1	青山学院大学	33.5%
2	慶應義塾大学	22.5%
3	**明治大学**	18.4%
4	上智大学	17.4%
5	立教大学	16.5%

リクナビ進学「高校生に聞いた大学ブランドランキング2014」をもとに作成

おしゃれと認知されているミッション系の立教大学を抑えて、明治のほうがおしゃれだと高校生のあいだで認知されている。

が第3位にランクインしているのだ。

なぜ、明治は校風を変革することに成功したのか。その理由のひとつに、都市型大学としてのイメージが世の中に定着してきたことが挙げられよう。

中央大学や法政大学などが郊外にキャンパスを移すなか、明治は駿河台、和泉を中心にして、都心部に大学を構え続けてきた。郊外型大学は地価も安く、自然あふれる環境で勉学に集中できるというメリットがある一方で、都会志向の学生からは避けられがち。より多くの刺激を求める感度の高い学生たちは、都会の大学に通いたがるからだ。そうした学生たちの受け皿になることに、明治は成功したのである。

実際に地方から上京してきたある男子学

生はこう語る。

「明治と中央に合格しましたが、中央の多摩キャンパスに通うよりは明治で都会の生活を謳歌《おうか》したかった。中央の周辺のほうが家賃は安いので、仕送りしてもらっている親には苦労をかけていますが、そのぶん東京でしか体験できないことや、見ることができないものをたくさん吸収できています。地方出身者にとって明治に田舎臭いイメージはまったくないですね。都会的なイメージです。周りの友人もおしゃれで社交的なタイプが多いですよ」

もちろん、昔の硬派な校風がまったくなくなったわけではない。六大学野球やラグビーの応援では、肩を組んで校歌を歌う愛校心あふれる学生の姿が相変わらず見られるし、企業からも「明治の卒業生は根性がある」という評価がしばしば聞かれる。

井上真央《いのうえまお》、北川景子《きたがわけいこ》、向井理《むかいおさむ》、山下智久《やましたともひさ》など華やかな芸能人を輩出する一方で、泥臭いプレーで知られるサッカー日本代表の長友佑都《ながともゆうと》など、古き良き明治のイメージを背負った卒業生たちも活躍している。

また、最近ではグローバル人材の育成にも力を入れていて、立教、国際大学と共同で教育プログラムを実施。今後は国際色豊かなイメージもついてくるかもしれない。

伝統を守りつつも、新しい時代に向かって変化をし続ける明治大学——キャッチフレーズの「前へ」の精神を忘れず、これからも進化していくだろう。

学部①

「伝統の法、監獄の商」。明治の看板を背負って立つ2学部

明治大学には文系、理系にさまざまな学部があるが、そのなかでも法学部への思い入れは、ほかの学部よりも強いように思われる。その理由は、明治大学の歴史をひも解けば、おのずと見えてくる。

明治大学は、１８８１（明治14）年に創立された明治法律学校を前身とする。その伝統を色濃く受け継いでいるのが法学部だ。２０１４（平成26）年には創立１３３年目を迎えた、最も古い学部である。

「伝統の法」という異名で呼ばれ、明治法律学校の創立当初は代言人《だいげんにん》（弁護士）試験の全合格者のうち40%、司法官試験（判事、検事）でも40~50%を占めるなど、これまで多くの法曹を世に輩出してきた。

学内では、いちばん王道の学部と見なされていて、その存在感は強い。「権利自由、独立自治」という建学の精神を重んじ、「明治大学の歴史は、法学部の歴史でもある」という自負が漂っている。そんなこともあってか、学内では「法学部には真面目な学生が多い」

というイメージが定着している。

法曹コース、公共法務コース、ビジネスローコース、国際関係法コース、法と情報コースの５つのカリキュラムが設定されていて、自身の進路にあわせた分野の学習に励むことができる。

また、「ケンブリッジ大学ペンブルック・カレッジ夏期法学研修」などの制度も設けており、国際教育にも力を入れている。２００７（平成19）年度からは3年生で早期に卒業できる制度を導入（経営学部にも同様の制度あり）。２０１３（平成25）年度までに、この制度を使って35人の学生が早期卒業した。

明治では２００４（平成16）年の制度発足と同時に法科大学院も創設していて、２０１４年度の司法試験では、全国１８１０人の合格者のうち、63人を輩出した。これは、全国7位の数字だ。

お固いイメージがある法学部だが、ユニークな講義もある。２０１４年で20年目を迎える「美男論」だ。「美男論」は、非常勤講師の関修《せきおさむ》氏が担当。授業の説明を読むと、「今一押しの美男として取り上げるのはK-POP、「ＦＴＩｓｌａｎｄ《エフティーアイランド》」のヴォーカルのイ・ホンギである」と記されている。同氏は人気アイドルグループ「嵐」を研究する授業も受けもっている。「嵐」のブレーク前とブレーク後のＰＶ（プロモーションビデオ）を比較するなど、独特な視点でセクシュアリティの問題に光を当てる内容だ。「伝統の法」に新しい風を吹き込んでいる講義として、注目を集めている。

明治大学では法学部以外にもうひとつ、「看板学部」として扱われる学部がある。それが商学部だ。１９０４（明治37）年９月に、私学としては初めての商学部として設置された。三木武夫《みきたけお》元首相はその前身である明治大学専門部商科を卒業している。

商取引のみならず経済、経営、流通、金融など、ビジネス活動のさまざまな分野を学問の領域に入れ、「総合的市場科学」を学ぶ学部という立ち位置をとっている。

私学で初めてゼミナール（ゼミ）教育を取り入れた学部とされ、商学の専門知識と高度な教養を身につけるカリキュラムが設けられている。ゼミナール教育は１９２０（大正９）年ごろから行なわれていたそうだ。

学内では単位を取るのがむずかしい学部として有名で、ついた呼び名が「監獄の商」。テスト期間中に、他学部の学生より悲壮感漂う顔をしているのが商学部の学生だ。

多くの公認会計士を輩出する学部でもあり、２０１３年度は30人（現役生13人）の合格者を出している。ちなみに、合格者は駿河台キャンパス近くの「山の上ホテル」に招待され、「合格したら山の上ホテルでフランス料理のフルコース」が合言葉になっているという。

学部②

パラダイス、あったか、おまけ……。政治経済、経営、文学部の実情とは？

政治経済学部は、１９０４（明治37）年に設置された。村山富市《むらやまとみいち》元首相は、その前身である専門部政治経済科を卒業したＯＢである。

政治学科、経済学科、地域行政学科の３コースを有しており、外国文学や日本語文章論、民俗学、社会心理学、ジャーナリズム論など、人文系や社会科学系など幅広い内容が学べることが特徴だ。２年生の秋にはゼミナールを決める試験がある。ゼミの種類は約90で、多様な学問が選択できるようになっている。

明治大学のホームページでは、政治経済学部を「学部ではない、まさにひとつの大学だ！」と表現されている。フルタイムの教員を約１００人、パートタイムの教員を約１４０人も抱え、学生数は４５３４人（２０１４〈平成26〉年現在）と、全学部のなかで最多となっている。たしかに４０００人規模の大学は日本にたくさんあるため、「まさにひとつの大学だ！」の表現は当たらずとも遠からずといったところだろう。

政治学部の略称は「政経」。学内では「パラダイス政経」と呼ばれ、ほかの学部に比べて単位の取りやすい学部として知られている。試験期間中は、他学部の学生から「政経はいいよな」とうらやましがられるが、油断し過ぎて単位を落とす学生もいるとか。

経営学部は1953（昭和28）年4月にできた、比較的新しい学部だ。私学では初の経営学部である。「教養をもった専門人の輩出」を目標とし、経営学科、会計学科、公共経営学科の3コースを設置している。

「実践教育」を標榜しており、インターンシップ（在学中の就業体験）やフィールドスタディ（課外調査実習）も単位化していることが特徴。フィールドスタディでは、企業、自治体、NPO法人、特定地域の住民などが調査対象となり、それらに対する提言をレポート化するなどの取り組みが行なわれている。まさに「実践教育」の名にふさわしい授業だといえる。また、法学部と同じく「3年早期卒業制度」も設けていることも、特色として挙げられよう。

さらに、商学部と並んで公認会計士の合格者も多数輩出している。2013（平成25）年度は22人（現役生は13人）の合格者を出した。

創設したのは明治大学総長を務めた佐々木吉郎《ささききちろう》。「教育は今日に役立つ人間を作るのではない。明日に役立つ人間を作るのだ」が信念の佐々木は、「吉ちゃん」と呼ばれて親しまれた。駿河台キャンパスのリバティタワー近くから「山の上ホテル」に続く坂は「吉郎坂」と名づけられている。

そんな佐々木の思いも虚《むな》しく、学内では「あったか経営」と呼ばれることも。「温かい経営」ではない。「あったんですか?」という意味だ。存在感が薄い経営学部だが、先に述べた実践教育や、外国語教育、国際教育などカリキュラムは充実している。

文学部は1906(明治39)年9月に設置。作家の夏目漱石や批評家の小林秀雄などが教鞭をとっていたが、1908(明治41)年に一度閉鎖されてしまった過去をもつ。文学部が文科専門部として復活したのは1932(昭和7)年4月のことだ。

究極的な目標を「生きた人間そのものを総合的に理解すること」と掲げ、文学科、史学地理学科、心理社会学科の3コースを設置。専攻も13と多様で、文学科には演劇学、史学地理学科には考古学などちょっとマニアックな専攻も用意されている。

作詞家の阿久悠《あくゆう》や、直木賞作家の天童荒太《てんどうあらた》、山田詠美《やまだえいみ》(中退)などの文化人も多く輩出している。

文学部の女性比率が高いため、他学部の男子学生にはうらやましがられている学部だという。文学部といえば、「つぶしのきかない学部」として世間から認知されているが、明治でも文学部は俗世間から隔離された雰囲気があるのもたしかだ。そのせいか、学内では「おまけの文」とも呼ばれている。

学部③

「生田農工大学」の実態は？ 牧歌的なキャンパスで学ぶ理工と農

神奈川県川崎市多摩区の生田《いくた》キャンパスには、理工学部と農学部が設置されている。牧歌的な郊外にキャンパスがあるが、生田駅は新宿駅から小田急線で約30分とアクセスは悪くない。

理工学部は1944（昭和19）年に東京明治工業専門学校として発足し、1949（昭和24）年には工学部として設置された。理工学部になったのは、1989（平成元）年のことである。

電気電子生命学科、機械工学科、機械情報工学科、建築学科、応用化学科、情報科学科、数学科、物理学科の8学科があり、電気電子生命学科は2015（平成27）年4月から「電気電子工学」、「生命理工学」の2専攻制になる。振動実験解析棟、粉末X線回折装置などさまざまな高度な設備を有している。

「代々木ゼミナール」が発表した2014（平成26）年度の入試難易ランキングによると、理工学部の物理学科が偏差値65となっている。これは、明治の全学科のなかで、最も高い難易度となっている。

外国語や体育などの基礎科目は「無学科混合クラス」と呼ばれる形態で授業が行なわれ、学科間の学生が交流しながら学んでいる。長野県の菅平《すがだいら》スキー場で3泊4日の短期集中で行なわれるスポーツ実習も人気だ（農学部でも実施）。

そのほか、「明日の先端技術を生み出す。そのための基礎力を身につける」を目標に、さまざまなカリキュラムが設定されている。

男女比は9：1で、ほとんど男子校状態。なお過去に、コメディアンで映画監督の北野武（ビートたけし）が在籍していた。

2014年には70周年を迎え、記念祝賀会も盛大に開催された。祝賀会のコンセプトは「もっと前へ、さらに世界へ～理解から創造へ～」。100周年に向けて、さらなる伝統を重ね、先端科学の道を切り開いていくことが期待されている。

農学部は1946（昭和21）年に明治農業専門学校として発足。1949（昭和24）年に農学部として創設された。

創設当時は、農学科と農業経済学科の2学科のみだったが、時代の要請にともない、徐々に学科を改組、増設して、現在では農学科、農芸化学科、生命科学科の自然科学系、そして食料環境政策学科の社会科学系という4学科が設置されている。私大の農学部系では最難関レベルの入試難易度だ。理工学部と違って、女性の比率は比較的高めだ（学生数2402人のうち1047人が女子学生〈2014年〉）。

2012（平成24）年4月には、川崎市黒川地区に「明治大学黒川農場」を開場。これまでも別の場所に農場があったが、生田キャンパスに近い黒川農場がオープンしたことにより、年間を通して学生が通える実習が可能になった。温室、豚舎、加工実習棟、ハウス作業棟など施設も充実している。

黒川農場で収穫した農作物は、駿河台、和泉、生田、中野のキャンパスでも購入することができる。同窓生が育てた新鮮な農作物を食べられるのも、農学部がある明治ならではの醍醐味だ。毎年、「収穫祭」も開催し、農作物の販売のほか、ガイドツアーなども行なわれている。

理工学部、農学部は学内では「生田農工大学」と呼ばれ、駿河台、和泉、中野で授業を受けている文系の学生にとっては馴染みの薄い学部となっている。「そもそも生田がどこにあるかわからない」という学生もいて、「キャンパス内をヤギやウシが歩いている」という噂が流れるほどだ。

もっとも、理工、農学部の学生にとっても、文系学生の様子を知らないまま卒業するのは同じこと。互いのキャンパスがやや離れているため、文系と理系の交流は少ないのだ。

学部④

最先端の学問が集結！新設3学部のその目的とは

2000年代に入ってから、明治大学は「情報コミュニケーション学部」と「国際日本学部」、「総合理数学部」という3つの新学部を創設している。

情報コミュニケーション学部は2004（平成16）年4月に創設。ほかの文系学部と同じく、1、2年次は和泉、3、4年次は駿河台キャンパスで学んでいる。

「情報コミュニケーション」と聞いても、何をやっている学部かピンとこない人が多いだろう。平たくいうと、マスメディアや書籍、スマートフォンやパソコンなどを通して取得する「情報」と、動的な「コミュニケーション」を一体のものとして学問化した領域だ。

情報通信技術や組織と個人のコミュニケーション、グローバルな規模で対話や相互理解、情報社会時代における人間とメディアの関係など学問のアプローチはさまざま。情報コミュニケーション学部の紹介ページには、「なぜウルトラマンは3分間しか戦えないのか?」「恋愛と法をめぐるコミュニケーション」などの問いが掲載されていて、独自の視点で問題の本質が解説されている。これらの問題設定からもわかるとおり、学問の領域に

JR 中央線・総武線、東京メトロ東西線の中野駅北口から徒歩約８分のところに立地する明治大学中野キャンパス。

とらわれない、多様な視点で社会を見る目を養うことを目的としている。

明るい雰囲気が漂う学部として知られていて、学内では「華の情コミ」と呼ばれている。「リア充（リアルが充実している人）が多いのが情コミの特徴」という声もある。

国際日本学部と総合理数学部は、１、２年次まで中野キャンパスで学んでいる。国際日本学部は２００８（平成20）年に開設。「世界から注目されている日本文化に対する深い理解と優れた語学力を有し、かつ異文化に対しても柔軟な理解力を兼ね備え、21世紀の地球社会に貢献できる人材を育成」（明治大学ホームページより）する学部とのことだ。

日本のアートや文学、マンガ、アニメ、

演劇、映画、ファッションなど、いわゆる「クール・ジャパン」を学べる。ほかに、コンテンツ産業、ビジネス文化、広告・メディア産業、知財文化マネジメントなども扱う。「国際」を謳《うた》うだけあってネイティブの講師による少人数制の外国語教育を行なうほか、外国人留学生も積極的に受け入れて、日本人学生と異文化交流を図っている。男子学生より女子学生が多いことも特色だ（1556人のうち1012人が女子学生〈2014年〉）。

総合理数学部は2013（平成25）年にできた学部だ。「数理と情報をベースに、新たな領域への挑戦」することを目標としている。

現象数理学科は、医学・生理学、社会的問題、流行などの社会現象を解明していく学科。先端メディアサイエンス学科は、「人の感性や心理を解き明かす『数理モデル』の構築をはじめ、人間の特性に合わせた情報環境を構築するための『情報メディアシステム』や『ヒューマンインタフェース』の実現、さらには人の心を豊かにする文化的コンテンツ」（明治大学ホームページ）の創造などが学問領域だ。ネットワークデザイン学科は「ネットワークを形づくる基礎工学技術とコンピュータ技術のほかに、柔軟に問題を解決するための『知能数理システム』や身の回りにあるネットワークデザインの技術を広く学ぶ」（同）学科だ。

こうした時代にあった新学部の創設が、近年における明治の人気を支えている要因になっている。明治の伝統に、どのような新しい風を吹かしてくれるのか注目が集まる。

国際化

グローバルに強い明治へ。海外にも「前へ」の精神で乗り込む？

グローバル化が進む昨今、国際的なシーンで活躍する人材の育成が社会から求められている。そんななか明治大学は「強い個、前へ。世界へ。」をキャッチフレーズに打ち出し、さまざまな教育改革を行なっている。

そのひとつが「グローバルコモン・プログラム」と呼ばれるものだ。文部科学省国際化拠点整備事業の採択校（計13校）に選ばれたことを契機に展開しているプログラムで、国際化拠点となるべく、留学生の受け入れや英語教育の充実、留学制度の整備などに力を入れている。

外国語教育は、学部を越えて履修できる「ＭＬＰ 学部間共通外国語科目」が４キャンパスに約１６０クラスも設置されている。英語やドイツ語、フランス語、中国語などの会話がネイティブの講師によるレベル別授業で学べるほか、検定試験に特化した資格クラスもある。

さらに、学生を外国語漬けにして短期留学さながらの学習効果を狙う「夏期集中講座」や、

明治大学の協定校（2014年9月現在）

※学部間での協定も含む

ヨーロッパ	スペイン	シンガポール
イギリス	ウクライナ	タイ
フランス	ロシア	インドネシア
ベルギー	**オセアニア**	ラオス
スウェーデン	オーストラリア	フィリピン
ドイツ	**中近東**	**北アメリカ**
オーストリア	サウジアラビア	カナダ
ブルガリア	トルコ	アメリカ
スイス	**アジア**	メキシコ
ルーマニア	韓国	**南アメリカ**
ポーランド	中国	ブラジル
リトアニア	台湾	アルゼンチン
イタリア	インド	**アフリカ**
ハンガリー	モンゴル	南アフリカ
セルビア共和国	**東南アジア**	タンザニア
ボスニア・ヘルツェゴビナ	ベトナム	
ギリシャ	マレーシア	

明治大学HP
「海外協定校一覧」をもとに作成

世界約40カ国もの国々の大学と、明治大学は協定を結んでいる。

清里セミナーハウスで7泊8日の合宿を行なう「英会話春期集中講座」なども実施している。

海外留学制度は、協定留学と認定留学の2種類を設けている。

協定留学は学内の試験に合格した学生が海外の協定校に留学するというもの。協定校はイギリス、イタリア、スペイン、フランス、ベトナム、タイ、韓国、中国、アメリカ、カナダなど約40カ国・地域の239大学（学部間協定などを含む・2014年9月現在）にもおよんでいる。一方、認定留学は自身で選んだ希望先に大学の許可を得て留学するというものだ。両方とも休学せずに留学でき、留学期間1年を入れて4年間で大学を卒業できる措置《そち》も設けている。そのほか、学部主催の海外研修制度もあり、たとえば法学部では、ケンブリッジ大学ペンブルック・カレッジに夏休みの1カ月間、法学研修に学生を派遣する制度などがある。

国際機関との連携も行なっており、経済格差、環境、資源エネルギー問題などグローバル・イシューを学んだり、国際協力に対するリテラシーを養ったりするプログラムも実施されている。

明治はこれまで、ミッション系の大学と比べると国際的なイメージが乏《とぼ》しかった。これからこれらの教育改革が実り、「グローバルに強い明治」になっていくだろう。

学部改組

二部、短期大学が廃止。7講時制は怠惰な学生も喜ぶ？

新しい学部もあれば、廃止されたものもある。

そのひとつが、二部（夜間部）だ。明治大学では法学部、商学部、政治経済学部、文学部の4学部で二部を設置していた。二部といえばかつては、昼間に働きに出て、夜に学ぶといった苦学生も多く在籍していたことだろう。さまざまな事情を抱える人にとって、二部は学び方の選択肢を広げる存在として重宝《ちょうほう》されていた。

しかし、学生の志向や社会が求める教育ニーズに合わなくなってきたことから、2004（平成16）年度から学生の募集を停止した。

代わりに設置されたのが一部の7講時制である。19時40分～21時10分という遅い時間に行なわれる講義を設けることによって、授業時間の選択の幅を広げ、二部廃止の補填をしたのだ。

余談だが、一般の学生には、1限目の授業を取ることを避ける風潮がある。9時～10時30分という時間帯に行なわれる1限目は、夜更かししている学生には出席することが困難だからだ。高時給の深夜バイトをする学生にとっても、午前中の授業は居眠りタイムとなってしまう。そういった学生からすると、もしかしたら7講時制はありがたいものになっているのかもしれない。

もうひとつ廃止されたもので代表的なのが、2006（平成18）年3月に閉学した短期大学である。ただし、後ろ向きな理由で廃止されたわけではなく、短期大学は4年制の情報コミュニケーション学部へと移行するという発展的な計画をもとに組織変更された。

短期大学は1929（昭和4）年に創設した女子部を前身とし、75年以上の歴史を誇っていた。短期大学になったのは、1950（昭和25）年のことだ。

明治は早くから女性の教育や社会進出に力を入れて、数々の女性人材を世に送り出してきた。「閉学記念のつどい」には、全2万2426人の卒業生のうち、約1千人が集まったそうだ。現在では、リバティタワー後方にある「はぎの道」に、「短期大学閉学記念碑」が建てられている。記念碑には、短期大学の標語であった「暁の鐘を撞きつづけて」という言葉が彫られている（187ページ参照）。

そのほかにも、2011（平成23）年に商学部産業経営学科の募集が停止されている。かつて在籍していた卒業生にとっては寂しい限りだが、新陳代謝をくり返し、時代の流れについていくためには仕方ないことなのだろう。

就職支援

就職率が高いのには理由がある!?
至れり尽くせりの就職サポート

大卒の就職難が叫ばれるなか、大学に手厚い就職活動サポートを求める学生のニーズは高まっている。

「リクルートマーケティングパートナーズ」が運営する「リクルート進学総研」が行なった高校生が志望校を検討する時の重視項目に関する調査によると、男子学生が「就職に有利であること」（40・9％）を第2位に挙げている。世知辛い世の中を象徴する調査結果だといえよう。

そんな学生からのニーズもあってか、明治大学の就職サポートは入学早期から始まる。1、2年生の文系学生が通う和泉キャンパスにも就職キャリア支援事務室を設け、キャリア支援行事やグループ相談会などを実施している。

昨今では「大学は学問するところであって、就職するための予備校ではない」という批判も聞かれるが、早期に自身のキャリアに対して関心をもつことで、より目的意識をもった学生生活が送れることもたしかだ。1、2年次からある程度、将来の進路に向けた計画

2014年度卒業生のおもな就職先

企業・団体名	計(女子)
(株)みずほフィナンシャルグループ	69人(32人)
(株)三菱東京UFJ銀行	64人(39人)
東日本旅客鉄道(株)	48人 (9人)
東京特別区	47人(13人)
りそなグループ	39人 (7人)
日本郵政グループ	36人(23人)
(株)三井住友銀行	31人(20人)
国家公務員　一般職	31人 (6人)
(株)千葉銀行	28人(14人)
SMBC日興証券(株)	28人 (3人)
ソフトバンクグループ	25人 (9人)
(株)大和証券グループ本社	25人 (7人)
野村證券(株)	22人 (5人)
東京都庁	20人 (9人)
あいおいニッセイ同和損害保険(株)	17人 (9人)
(株)LIXIL	17人 (3人)
国税専門官	16人 (2人)

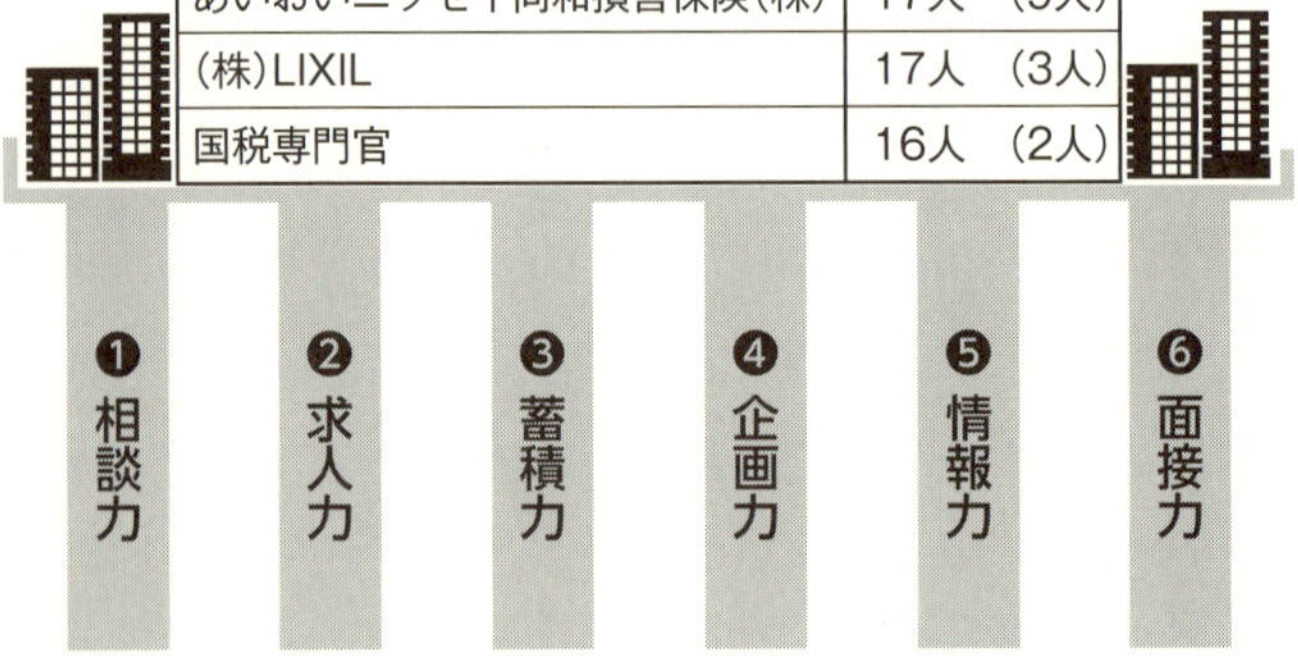

帝国データバンク「2014年全国社長分析」と「2014年全国女性社長分析」をもとに作成

6つの“力”それぞれで、学生の就職活動を全面的にバックアップしている。

性をもつことによって、漠然と学生生活を過ごしてしまうことを避けることができるというわけである。

もちろん、和泉以外の各キャンパスにも就職キャリア支援事務室は置かれている。就職活動の時期を迎えた学生に個別面談を実施しているほか、先輩学生による就職活動体験報告会や、女子学生のための就職セミナー、OB・OG懇談会など、各種の就職支援イベントも盛んだ。就職キャリア支援センター全体では、年間2万2700件もの相談があるという（2013〈平成25〉年度）。

就職キャリア支援部では、本番の就職面接を想定した、「模擬面接」を行なうサポートを実施。「明るい雰囲気」「元気がよく若々しい表情」「礼儀正しさ」など、就職面接の基礎スキルが身につくという。

また、大学宛にくる企業、官公庁などからの求人票も年間5000社以上あり、企業による学内セミナーも開催されている。さらに、インターンシップへの参加サポートにも力を入れている。3年次にはスケジュール帳、企業研究シート、企業選びのポイントなどの機能・情報が詰まった「就職活動手帳」が配布されるなど、まさに至れり尽くせりだ。

企業の評価

早慶と比べプライドが高くない？ 企業から評価される「明大魂」の実力

近年、明治大学卒業生の企業からの評価がうなぎのぼりだ。

『週刊ダイヤモンド』（２０１４〈平成26〉年10月18日号）によると、ビジネスマンが選ぶ「使える人材が増えた大学」で１位を獲得。今、多くの企業から明治の卒業生に熱い視線が注がれているのだ。

同誌では、「使える人材輩出大学」の調査も行なっている。それによると、明治大学は８位。第１位は慶應義塾大学、第２位は早稲田大学で、その後は京都大学、一橋大学、東京大学、東京工業大学、大阪大学と国立勢が名を連《つら》ねている。第８位ではあるが、私大に限れば明治は第３位にランクインしている。

なぜ、明治は企業から人気があるのか。ある広告会社の社員は明治出身の部下をこう評価する。

「早稲田や慶應と違ってプライドが高くないのが明治の特徴。それゆえに、周囲との協調性も高い。また、指示したことは確実にこなすし、勉強熱心。怒られてもめげずに、素直に反省し、改善していく柔軟さも兼ね備えている」

ほかの社会人に話を聞いても、「プライドが高くない」と「勉強熱心」という声はよく聞かれる。

明治は私大の有名大学ではあるが、受験においては早稲田や慶應よりも偏差値で劣っている。そうした意識から、社会に出てからも勉強しなければ、早稲田や慶應の同僚とわたり合っていけないという危機感があるため、努力で補おうとするという。だから、明治の卒業生にはエリート意識がなく、上から目線でものを語るプライドがない。勉強もするし、上司からの指摘も素直に受け入れ、少しでも向上しようとするのだ。

とはいえ、難関校の一角に属している大学のため、基礎学力はある。上司からしてみれば、「叩けば伸びる」のが明治の卒業生の特徴なのである。

さらに、前出の広告会社の社員はこう語る。

「大手企業にいくほど、東大、早稲田、慶應のOBが大多数を占め、彼らのなかには群れて学閥のようなものをつくる人たちがいる。一方、明治の卒業生にはそういったものに頼らず、自分の力で道を切り開いていこうという気概が感じられる」

明治の建学の精神は「独立自治」。みずからをきびしく律しつつ、周囲と協調していく「明治魂」は、ビジネスのシーンでも十分に発揮されているようだ。

社長数

明治出身の社長数は全国第4位！しかし、女性社長は振るわず？

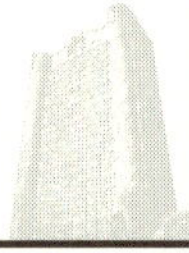

明治大学の卒業生が、企業から評価されていることは前項で紹介した。

しかし、それはあくまで「社員」としてであって、経営者としての評価ではない。「明治の卒業生は使いやすい」という印象がついてしまうと、兵隊アリのように会社の都合のいいように使われてしまう可能性もある。

できれば、明大生からも企業のトップに立つような人材が輩出されてほしいものだが、実態はどうなのだろうか。

「帝国データバンク」が２０１４（平成26）年1月に発表した「出身大学別社長数」によると、明治大学は９８２８人で第４位。第1位は日本大学、第2位は慶應義塾大学、第3位は早稲田大学になっている。

第1位の日本大学（日大）は社長輩出校として昔から知られており、慶應、早稲田が1万台前半なのにもかかわらず、日大は2万３０４９人と大量の社長を世に送り出している。1万人に届かない明治としては、まずは慶應と早稲田を抜くことが当面の目標になり

明治大学出身の「社長数」と「女性社長の数」

◉出身大学別の社長数上位15（2013年）

順位	出身大学	社長数
1	日本大学	23,049人
2	慶應義塾大学	12,004人
3	早稲田大学	11,246人
4	**明治大学**	9,828人
5	中央大学	8,758人
6	法政大学	7,192人
7	近畿大学	6,206人
8	同志社大学	5,680人
9	東海大学	5,534人
10	関西大学	4,534人
11	立教大学	4,131人
12	青山学院大学	4,043人
13	専修大学	4,001人
14	立命館大学	3,812人
15	関西学院大学	3,657人

◉出身大学別の女性社長数上位15（2014年6月末時点）

順位	出身大学	女性社長数
1	日本大学	230人
2	慶應義塾大学	206人
3	早稲田大学	192人
4	青山学院大学	184人
5	日本女子大学	184人
6	同志社大学	127人
7	立教大学	123人
8	共立女子大学	123人
9	**明治大学**	120人
10	法政大学	106人
11	学習院大学	105人
12	上智大学	101人
13	聖心女子大学	99人
14	中央大学	88人
15	武蔵野美術大学	78人

帝国データバンク「2014年全国社長分析」と「2014年全国女性社長分析」をもとに作成

多くの卒業生の活躍によって、明治大学が上位にくいこんでいる。

そうだ。

全体では社長の平均年齢は増加の一途をたどっており、2013（平成25）年は58・9歳。社長交代率も低下傾向にあるという。つまり、日本社会全体で世代交代が課題となっているのだ。そんななか、最近社員の評価がうなぎのぼりになっている明治の卒業生が、経営人材としてどこまで食い込んでいけるかが注目になる。

一方、「帝国データバンク」は女性の社長数も公表している。

それによると、明治は第9位。とはいっても、人数はわずか120人。女性の活躍が社会的なテーマになっているなか、残念ながら不名誉な結果である。しかも、上位の日大、慶應、早稲田は順位をすえ置いているのにもかかわらず、4校のなかでは明治だけが順位を落としている。

伝統の法学部からは多くの女性法曹を生んでいる明治だが、経済界にはまだまだ多くの人材を輩出しているとは言えないようだ。

今後、順位をさらに上げていくためには、卒業生自身が頑張らなければいけないのはもちろんのこと、大学側も経営人材を輩出できるようなカリキュラムを積極的に取り入れていく必要があるだろう。

part2

昔も今も変わらない明治大学の名物・名所・名店

名物①

校歌誕生は学生が早稲田の校歌に憧れと嫉妬心を抱いたから？

野球やラグビーなどの大学スポーツ、入学式や卒業式などの式典においてかならず歌われるのが、「白雲なびく駿河台」の一節から始まる明治大学校歌である。荘厳でスケールの大きさを感じさせるメロディーと、明大生であることの誇りとロマンにあふれた歌詞は校歌としてだけでなく、楽曲自体の評価も高い。

体育会の運動部はもちろん、一部のサークル等でも納会や宴席で歌われることもあり、卒業後も口ずさめるＯＢは多くいる。

校歌が誕生したのは１９２０（大正９）年。これほどの名曲だけに、大学側が主導して多額の資金をつぎこみ、〝お偉い先生〟にお願いしてつくられたと思うかもしれないが、実際はそうではない。

明治大学校歌は、当時在籍していた学生の圧倒的な熱意、情熱によって、この世に生を受けたのである。

１９２０年、のちに野球部部長、さらには学長、総長まで務めることになる武田《たけだ》孟《つとむ》がまだ学生だったころ、ライバルの早稲田大学に対して忸怩《じくじ》たる思いを抱いていた。当時から花形スポーツだった大学野球や、隆盛を極めていたボート競技の大学対抗戦などで、早稲田の学生たちは声高らかに校歌を歌いあげていたからである。当時の明治には、1907（明治40）年につくられた校歌があったものの、学生からの評判はあまり芳《かんば》しくなく、徐々に歌われなくなっていったという事情もあった。

たかが校歌と感じる向きもあるかもしれない。しかし、その歌が生み出す学生の一体感に武田の心は動かされた。「明治にも皆が堂々と歌えるような校歌がほしい」と考え、求心力の高い楽曲の制作に挑んだのである。武田は牛尾哲造《うしおてつぞう》、越智七五三吉《おちしめきち》というふたりの友人とともに、まずは大学側に直談判。当時の校長から承認を得ることに成功した。

1920年5月、武田らは雑誌に詩を発表し、高い評価を受けていた詩人、児玉花外《こだまかがい》のもとを訪れた。目的は当然、校歌の作詞の依頼である。学生たちの熱意にほだされた児玉は依頼を承諾。その年の秋には児玉から武田たちの元へと詞が届いた。

しかし、ここからが順調に進まない。問題は作曲、メロディーにあった。

武田たちが作曲を依頼したのは、のちに『赤とんぼ』や『待ちぼうけ』など童謡の名作を生む山田耕筰《やまだこうさく》だった。音楽的センスに優れていた牛尾が、この当時から作曲の腕を認められていた山田を推薦。武田たちは児玉の詞をもって直訴したのである。だが、山田は首を縦に振らなかった。児玉の歌詞は文体が堅く、曲をつけるには向かないという。

事実、児玉が当初に書いた歌詞は「健児の風に打ちなびけ、実力養成の旗じるし」という一節から始まっていた。現在の「白雲なびく駿河台」とは大きく異なり、たしかにやや重いかもしれない。

武田たちは、心苦しいながらも児玉に山田の意向を伝えた。児玉は苦心してつくった詞にもかかわらず、校歌の完成を優先して歌詞の改変を承諾。後日、作曲担当の山田が「白雲湧ける駿河台」から始まる歌詞をまとめた。ちなみに、この「白雲湧ける〜」は、児玉が3番にあてた歌詞で、山田が1番の冒頭に差し替えている。前述したように、現在の歌詞は「白雲なびく〜」から始まっており、その起源は当時、稀代の詩人と作曲家であった児玉と山田の手によるものだということがよくわかる。

さらに歌詞の推敲は重ねられた。山田の紹介もあって、武田たちは『青い山脈』『王将』などの作詞で後世に名を残す名詩人・名作詞家、西條八十《さいじょうやそ》のもとを訪れ、推敲を依頼。早稲田出身の西條だったが協力を約束し、詞を書き上げた。

その歌詞の冒頭が、「白雲なびく駿河台、眉秀でたる若人が」である。

つまり、現在の歌詞とまったく同じで、さらには3番までの歌詞も、ほぼ変わらない。

児玉、山田、西條という順番で手が加えられ、明治大学校歌の歌詞は完成の道をたどったのである。ちなみに、歌詞に関してはこれら3名の手が入っているが、現在、大学側が公式に認定する作詞家は、最初に歌詞を書いた児玉のみである。

その後、山田がメロディーづくりに腐心し、1920年9月、ついに完成。山田は大学へと出向き、学生に対して歌唱指導を行なうなど、武田たちと同様の熱意を、この校歌に抱くようになっていた。自身が本業の作曲のみならず、作詞にまで関与したのだから当然といえば当然かもしれないが、学生に高らかに歌われてこそ、校歌に命が宿るということを伝えたかったのだろう。

武田をはじめとする校歌づくりに奔走した3人の学生の情熱は現在まで引き継がれ、冒頭に記したように、誕生から90年が過ぎた今でも、明大生およびOB・OGのアンセムとなっている。

なお、校歌ほど認知されていないが、学生に親しまれてきた歌に「明大節《めいだいぶし》」がある。「西の方 未だ残雪をいただく霊峰富士の～」というセリフから始まり、短い2行ほどの歌詞が、独特の節まわしによって8番まで続く。お酒の席などで興が乗ってきた時に、手拍子をまじえて歌われることが多い。とくにOB会を行なう世代には人気だ。

ただし、ルーツははっきりとしない。作詞、作曲とも不詳で、歌詞部分の節まわしにしても、ほかの大学にも非常に似通ったものがあるという。

名物②

ラグビー明早戦の歌舞伎町ラウンド。愛校心がゆがんだ形で爆発？

日本屈指の歓楽街、東京都新宿区歌舞伎町。その入口には、赤々としたネオンを放つ「歌舞伎町一番街」の看板がそびえ立ち、飲食店や風俗店、娯楽施設などが立ち並ぶ。

この典型的な〝夜の街〟が、明大生であふれかえる日があった。12月の第1日曜日、同じ新宿区内にある国立競技場や、そのそばの秩父宮《ちちぶのみや》ラグビー場で大学ラグビー伝統の一戦、明早戦が行なわれる日が、それにあたる。

話はじつに簡単で、明早戦を観戦した学生が夕方ごろから歌舞伎町へとくり出し、サークルや部活、仲間内で酒を飲むだけのこと。ただし、一筋縄ではいかないのが、明大生の暴れっぷりだ。

酒をあおった明大生たちが、誰が号令をかけたわけでもないのに、歌舞伎町の中心にある新宿コマ劇場前の広場、通称〝コマ劇前〟へと集まり、なぜか大声を発しながら暴れるのだ。一部では〝夜の明早戦〟と呼ばれるほど、学生のエネルギーが一気に開放される。

明治コールや、それに対抗する早稲田コール。さらには校歌の合唱に発展し、学生で埋

対抗戦で明治が優勝した過去11シーズンの明早戦の結果

開催年	試合結果
1986年	👑 明治 ○13－12● 早稲田
1988年	👑 明治 ○16－15● 早稲田
1990年	👑 明治 △24－24△ 早稲田 👑
1991年	👑 明治 ○16－12● 早稲田
1992年	👑 明治 ○24－12● 早稲田
1993年	👑 明治 ○21－14● 早稲田
1994年	👑 明治 ○34－15● 早稲田
1996年	👑 明治 ○19－15● 早稲田
1997年	👑 明治 ○27－21● 早稲田
1998年	👑 明治 ○27－24● 早稲田
2012年	👑 明治 ○33－32● 早稲田

1980年代、90年代と圧倒的な強さを誇った明治。しかし、2000年代は低迷する。

め尽くされたコマ劇前は、ある種の騒乱状態となる。なかには衣服を脱ぎ捨て、照明灯の支柱へと登る者まで現われる始末。これまで警察の厄介になった学生も少なくない。騒ぎがひと段落したところで、明治の職員がゴミの清掃や片付けに勤《いそ》しむ姿も見られた。

ちなみに、数々のコンサートや舞台が行なわれてきた新宿コマ劇場は、2008（平成20）年末をもって業績悪化のために閉館。この広場は多くの映画館に囲まれた立地にあることからシネシティ広場という正式名称がついているが、これまでの歴史もあり、現在は〝旧コマ劇前〟という呼称が一般的となっている。

明大生が、12月第一日曜の歌舞伎町で暴

れていた理由はハッキリとしない。一部には、明早戦で早稲田に負けた悔しさや怒りをぶつけるという説もあるが、たとえ勝っても暴れるのだから、勝敗に大きな意味はない。あるいは、早稲田大学受験に失敗したコンプレックスが爆発した形ともいわれるが、真偽の程は不明である。ただし、早稲田よりも明大生のほうが集まる人数も多く、暴れっぷりも豪快だったといわれており、明大生の側に〝何か〟があることだけは間違いなさそうだ。

とにかく、数十年にわたって明大生が暴れてきた事実があり、それが歴史として積み重なって、自然とラグビー明早戦後の風物詩となっていったのだろう。

こうした行為は当然、近隣の店舗や一般客に対する迷惑となる。近年は、警察も警備の強化をはかり騒ぎはなくなったため、風物詩は過去のものとなっている。

大学も、明早戦が行なわれる前には掲示物などで、学生に対して抑制した行動を取るように注意を喚起。公式サイトでも、「サークル活動にあたっての注意事項」と題し、飲酒事故の防止策、団体行動における注意事項として一般客への配慮を促すなど、明大生として自覚ある行動を求めている。試合自体に熱狂、興奮することは何の問題もないだけに、愛校心が健全な形で表われることを祈るばかりだ。

施設①

まるで近代的なオフィス!? エコな高層キャンパス「リバティタワー」

明治大学の象徴ともいえる駿河台キャンパスのリバティタワー。東京・神田の街に堂々とそびえ立つタワーは、都市型大学の象徴ともいえる。

リバティタワーは１９９８（平成10）年9月に竣工。地上23階、地下３階、高さ約１２０メートルという高層キャンパスの勇壮は、最寄りのＪＲ御茶ノ水駅からも望むことができ、大学だけではなく、街全体のシンボルとして定着している。延べ床面積も約５９００平方メートルと広大で、８０００人以上が収容できる。もはやひとつの町といっていいほどの規模を誇っている。

地下１階から16階までが文系学部生用のフロア、19階から22階が大学院フロアと分かれており、図書館やスポーツ施設などが設置されている。地下には駐車場も完備されている。17階には食堂、18階には普段は誰も足を踏み入れない外気を利用した自然換気のための窓が設置されている。ちなみに、そもそも駿河台にキャンパスを構えた理由は、東京帝国大学（現・東京大学）がある本郷から教員が通いやすい場所だったからだという説もある。

JR 中央線・総武線、東京メトロ丸ノ内線の御茶ノ水駅から徒歩約３分。駿河台キャンパスでも、ひと際、威容を誇るリバティタワー。

リバティタワーはエコにも力を入れている。蛍光灯の照度が自動的に調整される「自動調光システム」を採用していて、トイレの照明も人が入る時のみ点灯する仕組み。エレベーターも5分間使用されないと止まるシステムとなっているほか、空調機の風量をインバーター制御で調節する「可変風量式空調システム」も導入している。

さらに、室内温度・外気温度・降雨センサ・風速センサによって自動で開け閉めできる窓もほぼ教室全室に設置。屋上庭園もキャンパスの冷却効果に一役買っている。そのほか、地下に4100立方メートルの水を貯めて稼働させている蓄熱式空調熱源システムなど、エコへのこだわりを挙げればきりがないほどだ。

1998年以前に卒業した人にとっては、リバティタワーに愛着がもてず、旧キャンパスを懐かしむ声もある。一方で、新しく生まれ変わったキャンパスを見学しにきたり、記念写真を撮ったりする卒業生もいるらしい。在校生からは、「キャンパスというよりはまるでオフィスのようだ」という声も聞かれる。また、あまりに縦に長いつくりをしているため、「講義の移動が面倒」なのも難点だ。もし、エレベーターが混み合っていれば、エスカレーターで上層階に登るのは、やや時間が掛かる。

しかし、和泉キャンパスや生田キャンパスとは違う都会的な雰囲気が好きだという学生もたくさんいて、受験生にとってもリバティタワーは明治の象徴として浸透している。

施設②

相次ぐ新施設の建設。時代のニーズに敏感な明治大学

明治大学の駿河台キャンパスには、リバティタワーのほかにも、新しい施設が誕生している。

そのうちのひとつが、明治大学創立１２０周年記念として、２００４（平成16）年４月に建てられた生涯教育の拠点「アカデミーコモン」。地上11階、地下２階、塔屋《とうおく》（建物の屋上から突出した部分で、一般的に水槽や機械室が置かれている）１階、高さ78メートルの建物で、多様な人が知を通して交流できる、社会に開けた場所となっている。

博物館、多目的室、講堂、教育研究関連施設など、充実した設備を備えている。自然エネルギーの有効利用など、リバティタワー同様、エコに対する取り組みにも力を入れている。

もうひとつが、２０１３（平成25）年１月に竣工、同年４月にオープンした「世界に発信する最先端の研究拠点と陶冶の場」がコンセプトの「ＧＬＯＢＡＬ　ＦＲＯＮＴ（グローバルフロント）」だ。

グローバルフロントは、人文・社会系の大学院のほか、研究・知財戦略機構や国際連携

アカデミーコモン（左建物）から道をはさんだ向かいに建つ、真新しさが残るグローバルフロント（中央建物）。

機構がアカデミーコモンから移転。グローバル化が進む時代をリードする新教育・研究棟としての役割が期待されている。

地上17階、地下1階、塔屋2階で、高さは83・59メートル、延床面積1万6910メートルの一部鉄骨鉄筋コンクリート造。院生共同研究室、大学院共同演習室、研究・知財戦略機構の諸施設、国際交流ラウンジのほか、国際会議もできる「グローバルホール」が設置されている。

現代は時代の移り変わりが激しく、大学がそれにどう対応していくのかが問われている。

相次ぐ新施設の建設には、時代のニーズに敏感な明治の姿勢が現われているといえよう。

記念碑

創立者の名前って知ってる? 各キャンパスに佇む数々の記念碑

1881（明治14）年の創立以来、長い歴史を積み重ねてきた明治大学。各キャンパスには、創立者などの偉業を称《たた》えて、さまざまな記念碑が建立されている。

駿河台キャンパスの「陽だまり広場」には、明治大学創立者の岸本辰雄《きしもとたつお》、宮城浩蔵《みやぎこうぞう》、矢《や》代操《しろみさお》の胸像があり、学生たちを見守っている。

初代校長を務めた岸本の胸像は1928（昭和3）年4月、関東大震災によって甚大な被害を受けた校舎の復興を祝って、交友たちの寄付金によって建てられた。しかし、太平洋戦争中の金属供出命令によって一度は失われ、1965（昭和40）年に復活したという、時代を感じさせる経緯がある。失われている期間は、石製の仮像が設置されていたという。創立者の胸像はそれぞれの出身地（岸本は鳥取県鳥取市、宮城は山形県天童市、矢代は福井県鯖江《さばえ》市）にも建てられている。

また、駿河台、和泉、生田、中野の全キャンパスには、創立者の肖像レリーフ記念碑が設置されている。創立者の肖像や名前のほかに、建学の精神である「権利自由、独立自治」

の文字が力強く彫られたデザインだ。２０１３（平成25）年に竣工した中野を除く各キャンパスでは、２０１１（平成23）年の創立１３０周年記念事業の一環として建てられた。

生田キャンパスには明治大学農学部の卒業生である冒険家・植村直己《うえむらなおみ》の記念碑もある。植村は世界五大陸最高峰単独登頂などを達成した著名な冒険家で、１９８４（昭和59）年にマッキンリー山で遭難し、帰らぬ人となった。山をイメージしたかのような三角のデザインが特徴の記念碑だ。

さらに、駿河台キャンパスのリバティタワー後方の「はぎの道」には、短期大学閉学の記念碑が建てられているほか、キャンパス内ではないが明治大学発祥の地（１６２ページ参照）にも千代田区に寄付した記念碑が設置されている。

都心のビル群にひっそりと佇む、明治大学発祥の地の記念碑。

普段、キャンパスライフをエンジョイしている学生には見過ごされがちなこれらの記念碑。現役学生に聞くと、創立者の名前を言えない学生も多いという。現役学生のみならず卒業生も含めて、キャンパスを訪れた際には、一度は見学してほしいものである。

付属施設①

大規模"漫画図書館"がオープン予定。サブカルの新たな聖地となるか!

明治大学には駿河台、和泉、生田といずれのキャンパスにも図書館が建てられているが、意外なことに漫画やアニメ作品ばかりを集めた図書館が存在する。

明治の卒業生で、同人誌即売会「コミックマーケット」の創設メンバーである米沢嘉博《よねざわよしひろ》の名前が冠となった「米沢嘉博記念図書館」、東京都新宿区の「明治大学現代マンガ図書館」、2014（平成26）年度中の完成を目指している「東京国際マンガ図書館（仮称）」の3つだ。

「米沢嘉博記念図書館」は2009（平成21）年にオープン。駿河台キャンパス猿楽《さるがく》地区にあり、十数万もの漫画雑誌や単行本、同人誌、サブカル系の雑誌が所蔵されている。

これにはオープンの前年に、日本国際学部が開設されたことが大きく関係している。1階の展示室は誰でも利用できるが、開架閲覧室や書庫は明大生や教員であること、あるいは18歳以上で有料会員に登録しなければならないなど、いくつか条件がある。

ただし、この米沢嘉博記念図書館は暫定施設であり、漫画図書館の本丸は「東京国際マンガ図書館（仮称）」である。雑誌や単行本だけでなく、原画やゲーム機まで網羅し、さらにはミュージアムやシアターなどのイベントスペースまで用意された、まさに漫画の最新複合施設だ。そして完成後は、米沢嘉博記念図書館の蔵書も収容される予定。また、「明治大学現代マンガ図書館」も飲み込み、日本の漫画文化のアーカイブ化を目指している。しかし、あまりに規模が大きくなったため、オープンは数年先となりそうだ。

これらの漫画図書館と同様に文化的遺産の所蔵、管理という意味では、「阿久悠《あくゆう》記念館」も忘れてはならない。「ピンクレディー」や沢田研二《さわだけんじ》らに時代の空気を切り取った見事な歌詞を提供し続けた、昭和の大作詞家である阿久悠は明治の卒業生。死去から3年経った2010（平成22）年、自筆の生原稿などの関係資料を遺族から寄贈され開館に至った。アカデミーコモンの地下にあり、入館は無料、およそ1万点の資料が展示されている。

おもしろいところでは、明治の特任教授で工学博士の杉原厚吉《すぎはらこうきち》がオープンさせた「錯覚美術館」が挙げられるだろう。本来は四角いものが歪んで見える、坂を下る球体がまるで登っているように見えるなど、人間の目の錯覚を利用した展示物が誰でも無料で閲覧できるようになっている。「抵抗しても無駄です。あなたの視覚は計算済み」のキャッチコピーのとおり、計算し尽くされた展示物が並ぶ。

立地は駿河台キャンパスから徒歩10分程度。普段は研究室として利用しているため、毎週土曜のみの開館となっている。

付属施設②

打ち首の様子を生々しく再現!? 登戸研究所で感じる戦争の恐怖

漫画図書館や錯覚美術館など、独特で誰でも気軽に楽しめる付属施設が明治大学にある一方で、身の毛もよだつ〝おどろおどろしい〟施設も存在する。

ひとつは、アカデミーコモン地下の「明治大学博物館」。もともとは刑事博物館、商品博物館、考古学博物館と独立していたものが、２００４（平成16）年に統合された。年間の来場者数は約7万人。明治でも屈指の人気を誇る特別施設である。

〝おどろおどろしさ〟を感じさせるのが、前身である刑事博物館の流れをくむ刑事部門だ。その名のとおり刑事関係資料が展示されている博物館で、国内外を問わず、これまで拷問や処刑のために使われてきた道具や裁判資料などを目にすることができる。

江戸時代の刑罰や裁判、拷問などの資料が充実していて、この時代の裁判判例集である「御仕置例類集」、「突棒《つくぼう》」や「刺又《さすまた》」「十手」などの犯人逮捕のための道具が展示されている。また、重罪を犯した者に与えられる刑罰に関しては、とくにくわしい。打ち首や押込《おしこめ》、たたきなど当時の刑罰を図などで詳細に解説。さらには、当時の刑具を再現し展示しており、高い資料性とエンターテインメント性を両立させている。

こうした分野に興味のある人はもちろんのこと、あまり興味がわかない場合でも、恐怖を感じながらも楽しめるつくりといえるだろう。

これらは無料で閲覧できるが、年に数回実施される特別展覧会などは有料の場合もある。刑事部門ではこれまで「江戸の罪と罰　『徳川幕府刑事図譜』の世界――博物館は「人権」を守れるか――」や「刑事部門収蔵品紹介　内藤家文書の魅力」などの特別展示を行なった。

恐怖を感じさせるという意味では、「明治大学平和教育登戸研究所資料館」の存在を忘れてはならない。通称「登戸研究所」は戦時中に諜報戦略などの情報戦を担っていた研究所。実際に使用されていた施設を活用する形で運営されている。

戦争は情報を制した者が制すともいわれており、時には人の道を外れるような兵器や資材を開発せねばならなかった。決して許されることではないが、現在から未来の平和を実現するために、あえて設置に至ったという経緯がある。電波兵器や風船爆弾などの物理学を用いた兵器、スパイ用品や偽造貨幣などが展示されており、戦争の生々しさや、本当の意味での人間の怖さを感じられることだろう。

登戸研究所は工学部や農学部のある生田キャンパス内にあり、基本的には水曜から土曜の午後4時まで開館され、展示物を無料で閲覧することができる。

大学祭①

ガールズコレクションが人気！「明大祭」で青春を謳歌する学生たち

２０１４（平成26）年で１３０回目を迎えた「明大祭」。音楽ライブ、ダンスのステージパフォーマンスや文化系サークル、ゼミナールの発表、模擬店など、さまざまなイベントが開催され、学園祭を盛り上げている。

もともとは「駿台祭」、「和泉祭」の両学園祭が開催されていたが、学内の特定セクトの内部対立に絡んで一度は中止され、２００３（平成15）年に和泉キャンパスで開催される「明大祭」として統合され復活した。

学園祭の回数は、駿台祭の始まりを創立年の１８８１（明治14）年として引き継がれたものだ。

学園祭といえば学生時代の青春の象徴だが、前述した事情により２０００年代初頭は開催されない時期が続いた。この時に学生生活を過ごした卒業生は、明大祭と聞いてもピンとこない人が多いと思う。

しかし、現在では約５万人の来場者を集める一大イベントとなっている。他大学の学生や明治大学に入学を考える高校生、地域住民のほか、「校友（卒業生）歓迎スペース」も設けられ、多くのOB・OGたちも足を運んでいる。

第130回の明大祭では、11月1日、2日の本祭の前の10月31日に、史上初となるオープニングフェスティバルも行なわれた。

キャッチコピーは「想いが集う、その先へ」。「祭にかける明大生のすべての想いが明大祭という場でひとつになり、明大生の輝きやエネルギーを体感したそれぞれの人にとって、明大祭が次につながるものであること」を表わしているという。

有名なイベントとしては「Meiji Girls Collection（明治ガールズコレクション）」がある。2014（平成26）年で4回目となるこのイベントは、明治の女子学生のなかから選ばれた出場者がファッションショーなどを通して自身の魅力を発信するもの。

いわゆる「ミスコン」とは銘打ってはいないが、毎年、グランプリ、準グランプリを選出して、表彰している。企画・運営は広告研究部が行なっている。2014年のテーマは「憧れをカタチに」だった。

また、明大祭では、「テーマソング」も設定されている。

テーマソングは明大生から応募し、最終3候補のなかから投票で決められる。第130回のテーマソングは715票を獲得したTHE AYATO'Sの『光の方へ』。「変えたい

と思った つまらない毎日を どうせ無理だろうって 諦めていた でも 一人じゃないから 言葉にした思いは 皆の思いも重ねて 形を変えて」と、さわやかに若者の思いを歌った曲だ。

「将来、忙しい日々の中でふとこの明大祭を思い出した時に、また頑張っていくための活力になるような、そして温かい気持ちになる記念写真のような、そんな歌になってほしい」という思いを曲に込めたという。

さらに、MFP（Meiji Favorite Project）では、「メインステージ・パフォーマンスエリア部門」「教室アカデミック部門」「教室バラエティ部門」「模擬店部門」の4部門で投票を行ない、学生たちの企画を表彰する取り組みも行なわれている。

そのほか、「勝手に人生相談」「Nuclear 0 forever ～核兵器廃絶～」「エコ運動会」、高校生向けの「これで解決！ 受験相談室」「車椅子おばけやしき」「新入生マジックショー」、落語研究会による「落語ライブ」「男子チアリーディング」「沖縄伝統エイサー演舞」「応援団ステージ明大祭スペシャルバージョン」「アニソンライブ」など多種多様なイベントや展示が2014年の明大祭で開催された。

明大祭では、地域を清掃する取り組みも行なわれている。明大生、卒業生、そして地域住民などに愛される学園祭に、これからも発展していってほしいものである。

大学祭②

新鮮な農作物がたくさん。知られざる「生明祭」の魅力

「生明祭《いくめいさい》」は、農学部と理工学部のある生田キャンパスで開催される学園祭だ。「理系の学園祭ってなんだか地味そう」と思う人もいるかもしれないが、そんなことはない。生明祭では、ほかの大学の学園祭に負けずとも劣らない学生たちによるエネルギッシュなイベントが開催されるほか、理系キャンパスでしか味わえないユニークな企画が盛りだくさんなのだ。

たしかに、来場者数は約２万５０００人と明大祭よりは規模が小さい。しかし、規模だけが学園祭の盛り上がりを示す尺度ではない。ダイヤモンド社が運営していたｗｅｂサイト『メンター・ダイヤモンド』により、「ベスト・オブ・学園祭」の総合第６位、装飾部門準優秀賞に選ばれるなど、高い評価を受けている学園祭なのだ。

もともとは１９５６（昭和31）年から、農学部による収穫物を販売する収穫祭が行なわれていたが、１９６３（昭和38）年に工学部が生田キャンパスに移転したことを契機に、「生田祭」として開催されるようになった。

しかし、駿台祭、和泉祭と同様に学内の特定セクトの内部対立が影響して、2000（平成12）年に中止が決定。翌年、生明祭としてよみがえったという経緯がある。2001（平成13）年を「第1回」とし、新たな学園祭の歴史を刻《きざ》んでいる。

2014（平成26）年に開催された「第14回生明祭」のテーマは「ひとめぼれ」。「物事に一生懸命取り組んでいる人の姿には惹かれるものがあります。そこで明大生の熱い思いあふれる生田で、来場されるすべての方に〝ひとめぼれ〟していただけるような魅力ある学園祭を創ろうという想いのもと、このテーマを掲げさせていただきました」と公式ホームページでコンセプトを説明している。

生明祭では、農学部があることから、たくさんの農作物が売られることが特徴だ。新鮮な農作物を買おうと近隣住民なども多く訪れる。

明治大学が所有する黒川農場で学生たちが育てた農作物や、農家から取り寄せた農作物など、鮮度の高い商品が販売される。これこそ、ほかの大学では味わえない生明祭の魅力であろう。

郷土料理などが多く出店される模擬店も魅力だ。来場者による人気投票と、上位7団体によるステージ企画によりナンバーワンの模擬店を決める「模擬店総選挙」という企画も開催される。さらに、「東北応援フェア」も開催され、「ゆべし」「牛タンカレー」など、東北の名産が販売される。収益は、東日本大震災で被害を受けた東北の被災地に寄付されるという。

また、研究室展示では学会で発表されたものも含めた、日ごろの研究成果が発表される。文系からはわかりにくい理系の研究を丁寧に説明しているので、「理系って奥深い！」と思えること間違いなしだ。

さらに、エコバックづくりなど、エコに対する取り組みを考える企画も開催される。「いくた油田」という家庭から出る廃油を集める企画も行なわれる。

もちろん、ステージイベントも盛り上がる。芸人やアーティストたちのライブのほか、学生のパフォーマンスも披露される。

そのほか、明大生なら誰でも参加できるフットサル大会も開催。この大会には教授も出場できるため、教員、学生の枠を越えた熱い戦いが見られる。ミッションをクリアしながら楽しむ「お化け屋敷」の企画も人気だ。

明治は理系と文系のキャンパスが分かれているため、学生同士の交流が少ないとの指摘もある。文系学生やその卒業生には、同じ明大生の理系学生が、どのような研究をして、どのような生活を送っているか知る絶好の機会のため、ぜひ生明祭に足を運んでほしいところだ。新鮮な農作物を買い、秋の味覚に舌鼓を打つのもいいかもしれない。

講義

起業から恋愛、ホラーまで!? 個性豊かな名物講義の数々

明治大学は教授、准教授、専任講師、兼任講師など合計２９４６人（２０１４年〈平成26〉度現在）の教員を有する。古くは文学部で夏目漱石や上田敏といった文学者も教鞭をふるい、現在でも充実した教員陣たちが渾身の講義で学生たちの指導に当たっている。

明治大学の名物教授として真っ先に名前が挙がるのが、テレビなどでもお馴染みの齋藤《さいとう》孝《たかし》教授だ。『声に出して読みたい日本語』シリーズ（草思社）など、多くのベストセラーの著者としても知られている。

齋藤教授は、現在、中学・高校の教師になるための教職課程で教えている。

たとえば、人間理解力の向上を目指した「教育特論」では、ドフトエフスキーの長編やニーチェの『ツァラトゥストラ』など重厚なテキストを使って読書会を行なう。さらに、講義ごとに、エッセイを書いてきて読み合うなど、事前準備が必要なかなりのスパルタ講義となっている。実際に中学校に行って、中学生と交流を深めるなど、実践的な内容も盛り込まれている。

商学部講師である久米信行《くめのぶゆき》氏の「起業プランニング論」「ベンチャービジネス論」も実践的な講義として人気を集めている。久米講師はベストセラーとなった『考えすぎて動けない人のための すぐやる技術実践ノート』（日本実業出版社）など、多くのビジネス書を著している。

「起業プランニング論」は企業の新規事業開発、経営革新や、ベンチャー企業やNPO法人への就職・転職、起業などを目指す学生向きの講義。フェイスブックやブログを活用したネット&クチコミマーケティングを体験し、商品やサービスを提供している経営者や担当者に、実際に販促やイベントの提案を行なうという、実際のビジネスシーンさながらの講義が展開される。テストはなく、ブログ記事投稿の量と質、発表会でのプレゼン、報告書で評価するというのも独特だ。

「ベンチャービジネス論」は、ベンチャー経営者、社会起業家、コンサルタントなどゲスト講師の生の声が聞けることがウリ。質疑応答を通して、ビジネスへの理解を深めていく。ツイッターやフェイスブックなどソーシャルメディアの活用法など、ビジネスに必要な実践スキルを学べることも特徴だ。

また、「個」を大切にする明治では、個性的な講義も多数行なわれている。

文学部の諸富祥彦《もろとみよしひこ》教授が担当する「こころの科学」は、恋愛、結婚、異性とのコミュニケーションについて学ぶ講義だ。

授業案内には「さまざまなエクササイズや集団討論、発表などを組み込みながら授業を進めていく。傍観者的な気分での参加は許されない。『自分を語る勇気』『他者にこころを開く姿勢』をもって参加してほしい。その姿勢がないものは、受講しないこと」とあるとおり、恋愛を学ぶといってもその内容は真剣そのもの。グループをつくって授業を進めることが多いため、学生からは「合コン授業」と呼ばれているとか。なお、そこでカップルが生まれたかどうかは定かではない。

いずれにしても、晩婚化など異性間のコミュニケーションが問題となっている昨今では、重要な内容を学べる講義といえるだろう。

経営学部講師の永野宏志《ながのひろし》氏が担当する「日本文学B」では、『呪怨』『着信アリ』『リング』『死国』『エクソシスト』などのホラー映画を扱う。「安定状態が崩壊すると生じる感覚や事態を、管理が強化され不安定さが増す現代に生きる各自の日常としてとらえながら、対処する力を身につける」ことが目標だという。

個性豊かな名物講義がそろった明治大学。多角的に学問を学ぶことで、アカデミズムの世界や実社会のビジネスシーンなどで活躍する人材を、これからも多く輩出していくことだろう。

伝統

明治の名物〝和泉返し〟の伝統。和泉キャンパスを歩く上級生たち

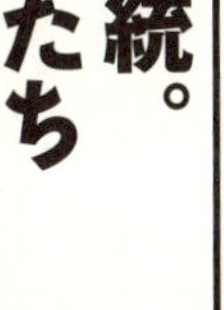

駿河台と和泉のキャンパスで学ぶ文系学生なら誰もが知っている〝和泉返し〟という言葉。和泉キャンパスで取るべき必修科目を落としてしまった学生が、駿河台キャンパスからその授業がある時のみ、和泉キャンパスに戻らなければいけない現象を指す。

明治大学では、法学部・商学部・政治経済学部・文学部・経営学部・情報コミュニケーション学部の1、2年次は和泉キャンパス、3、4年次は駿河台キャンパスで授業を受けることになっている。このキャンパス移動が和泉返しという悲劇を生んでしまうのだ。

和泉返しをくらった学生は、下級生とともに授業を受けなければいけなくなる。サークルの後輩から後ろ指を指されるなんてこともあるだろう。下手すれば、後輩と同じ授業を同じ教室で受けなければいけないハメになる。

ちなみに、駿河台キャンパスから和泉キャンパスのある明大前駅に移動する場合、JR御茶ノ水駅を使ったとして往復で600円ほど。中央線で新宿駅まで下り、京王線に乗りかえると片道20分以上かかり、移動時間も馬鹿にならない。さらに、次の授業が駿河台キャ

ンパスであれば、再びＪＲ御茶ノ水駅まで戻らなければならないのだ。

なんとも馬鹿らしいことだが、自業自得なので誰にも文句が言えないのが、さらにつらさを増長させる。

そんなこともあって該当学部の学生にとって、和泉返しはなんとしても避けたい事態だ。しかし、入学当初から先輩に和泉返しの恐ろしさを聞いているにもかかわらず、毎年、和泉と駿河台を往復する学生が後を絶たない。

唯一、よいことがあるとしたら、同じ和泉返しの同志と固い結束が生まれることであろう。「二度と単位を落としてなるものか」とノートや試験情報などを共有して、事態の打開を図ろうとするのだ。また、1、2年生のフレッシュな雰囲気に触れられることも気晴らしになるという利点もある。駿河台キャンパスには就職活動に奔走《ほんそう》する3、4年生や大学院生が多いため、どこか空気が張りつめているのだ。

さらに、社会に出て明治のＯＢ同士が出会うと、必ずといっていいほど、和泉返しの話になる。「仲間」だったことがわかれば、親近感が湧き、苦労話に花を咲かせることになる。

つらかった経験も、後になってみると懐かしい思い出になるということだろうか。もはや明治の伝統ともいえる和泉返し――いくら注意喚起しても絶えることなく、これからも受け継がれていくことだろう。

情報誌

学生生活は情報が〝命〟。履修情報はお金を払ってもほしい？

大学に入ったものの右も左もわからない――。そんな経験をした人も多いのではないか。とくに3万人近くの学部生を擁する明治大学のようなマンモス校では、たくさんの学生に埋もれ、何がなんだかわからないうちに1年が過ぎ……なんていう迷い人を生んでしまう可能性もある。そう、充実した学生生活を送るためには、とにもかくにも〝情報〟は不可欠なのだ。4年間という短い期間だからこそ、より広く、深く情報に触れ、学生生活をエンジョイしたいものである。

明治では、情報誌『Ｍ－ＳＴＹＬＥ』を発行し、学生生活に必要な情報を発信している。『Ｍ－ＳＴＹＬＥ』は、『明治大学学園だより』と『Ｍ－ｎａｖｉ』が合併してできた、明大生のための無料情報誌だ。2、8、12月を除く毎月20日に発行し、大学からの周知事項、明治関係のニュース、イベント情報、就職・資格取得関係、体育会スポーツニュース、学生企画ページなどを掲載している。

デザインはシンプルでおしゃれ。たとえば、２０１４（平成26）年10月20日発行のＶｏｌ．

70では、明大祭と生明祭を特集し、それぞれの見どころを紹介している。そのほか、留学後に就職活動をして内定を獲得した商学部4年生へのインタビューや、手軽につくれる学生飯「チーズケチャップライス」のレシピ、卓球部、ラクロス部、ハンドボール部の活躍を伝えたスポーツニュースなど、内容が充実している。

『M－STYLE』は明治のホームページからバックナンバーを閲覧することができる。明治の卒業生も、現在の大学生の学生生活を知るために、一度、ご覧になってみてはいかがだろうか。

学生が発行して人気を博している情報誌もある。代表的なのは、公認サークル「フリーペーパー工房」が発行する『ｕｎｉ－ｇａｔｅ』だ。

『ｕｎｉ－ｇａｔｅ』は、和泉キャンパスで学ぶ文系6学部の履修情報を掲載した情報誌で、毎年、新歓の時期に発行。和泉キャンパス内の三省堂などで５００円で販売している。数千にもおよぶアンケートから講義の実態をレポートした内容が紹介され、いわゆる「楽単」（楽に単位が取れる講義）の情報も掲載されているため、学生には大人気だ。

かつては『パラレルワールド』という同様の履修情報誌があったが、現在は発行されていない模様。しかし、履修情報は学生にとってお金を払ってもほしい情報であることは、時代を経ても変わらないニーズのようである。

マスコット

明治にもゆるキャラ？ふくろうが大学を宣伝する怪

世間では「ゆるキャラ」が話題になっているが、明治大学にもゆるいキャラクターたちがたくさんいる。

その代表格が大学の公式キャラクターでもある「めいじろう」。〝森の賢者〟とされるフクロウがそのモデルになっていて、羽毛はスクールカラーの紫紺。胸には「M」をモチーフにした明治の公式マークがほどこされている。学生や教職員から101の案が応募され、2007（平成19）年3月に現在のデザインに決まった。広報誌やホームページなど学内向けのみの使用だったが、人気があったため公式キャラクターに抜擢されたのだとか。

名前の由来は「めいじ」と「ふくろう」を掛け合わせたものだが、なぜ、ふくろうが明治のキャラクターなのかは謎。キャラクターグッズが販売されているほか、着ぐるみでイベントに参加したり、広報誌を配ったり、消防署の出初式《でぞめしき》に出席したりと、明治のイメージ向上のため忙しく活動している。

生田キャンパスで開催される「生明祭」にも公式キャラクターがいる。その名も、「いくめぇ～サイ」。

「羊になりたい」と星に願ったサイが、夢うつつのなか夜空をさまよい、雲をまとって羊のようになったという異色の経歴の持ち主だ。誕生日は11月8日で血液型はO型。性格は「ロールキャベツ男子」（外見や人当たりは草食系だが、じつは肉食系という意味）という詳細な設定が決められている。なお、「いくめぇ～サイ」はマイナビスチューデントが開催した「全国学園祭マスコット総選挙」で10位となっている。

ほかにも東京都千代田区で、商学部の学生が企画・運営している神奈川県三浦市のアンテナショップ「なごみま鮮果《せんか》」にも、「マグオ」というマスコットキャラクターがいる。詳細な説明はないが、おそらくモチーフはマグロだろう。青い体に赤い頬、大きな目が特徴だ。マグロではあるが、きちんと二足歩行している。

マニアックなところでは、明治が内部質保証や自己点検、認証評価への理解を啓蒙するために発行しているニューズレター「じこてん」のキャラクター「じこてんちゃん」がいる。おそらくモデルになっているのは明治のチアリーダーだろう。デザインした人には失礼かもしれないが、どうみてもテスト用紙の裏に書いた落書きにしか思えない。ゆるキャラという意味では、「じこてんちゃん」が頭ひとつ抜けた存在感を放っている。

ぜひ、一度、ホームページで明治のキャラクターたちの姿をチェックしてほしい。

最寄り駅

もともとは「火薬庫前」だった？ 知られざる「明大前駅」の歴史

文系の学部生（一部除く）の1、2年生が中心に通う和泉キャンパス。最寄り駅は京王線と京王井の頭線が乗り入れる「明大前駅」だ。

大学の名前が冠された駅はほかにもたくさんあるが、新宿や渋谷へのアクセスがよい明大前駅の名前は東京に住んでいる人なら知らない人はほとんどいない。毎日、5万人近い乗降客が利用している。

しかし、この明大前駅のもとの名前が「火薬庫前駅」だったことを知る人は少ないだろう。どうしてこんな物々しい名前になったのかというと、江戸時代に焔硝蔵《えんしょうぐら》と呼ばれる火薬や武器の保管庫が駅の近くにあり、明治時代からは陸運の火薬庫が置かれていたからだ。

火薬庫前駅が開設されたのは1913（大正2）年4月。京王電気軌道（現・京王線）の笹塚—調布間の運行開始にあわせて設置された。1917（大正6）年には松原駅に名前が変わり、物騒な駅名で呼ばれることはなくなった。

さらに、1933（昭和8）年8月には、帝都電鉄（現・京王井の頭線）の渋谷—井の

「フレンテ明大前」（左建物）ができるなど再開発で変わった駅前。久しぶりに訪れると、様変わりした風景におどろくことだろう。

頭公園駅間が運行開始され、西松原駅が開設された。この西松原駅が、現在の明大前駅の場所に始めにあった駅である。

その後１９３５（昭和10）年2月に、少し離れた場所にあった松原駅（元・火薬庫前駅）が西松原駅の近くに移動したことにより、現在の明大前駅がつくられることになった。明治の予科が和泉に移転したのが前年の１９３４（昭和９）年だったため、駅名に「明大前」が使われたのだろう。

明治法律学校の出身者である井上《いのうえ》篤《とく》太郎《たろう》は、京王電鉄の専務、社長、会長を歴任した実力者だったが、駅名決定にかかわったかどうかは定かではない。

また、明大前駅には、かつて「無事湖」と呼ばれる池があった。２００６（平成

18）年に商業施設「フレンテ明大前」の開発にともない埋め立てられたが、その前に明大前駅を利用していた人はご存じなのではないだろうか。京王電鉄によると、「無事湖」が設置されたのは1954（昭和29）年4月、京王井の頭線3番ホーム近くにあった湧き水にコイなどを放したのが、設置のきっかけだという。インターネットでは明大駅前で人身事故があると、「無事湖がなくなった呪い」という都市伝説が流れるが、本当かどうかは誰も知るよしはない。

明大前駅周辺といえば、かつては古きよき学生街の雰囲気を残した街だった。しかし、2007（平成19）年5月に前出の「フレンテ明大前」がオープンしたことによって、様変わりした。地上5階地下1階のフレンテ明大前にはカフェやイタリアンレストラン、スイーツ店、ファッションセレクトショップ、雑貨店、フィットネスクラブ、書店などが入り、おしゃれな街の形成に一役買っている。駅にはフレンテ明大前直結の「フレンテ口」が設置されている。

昔の卒業生にとっては、きれいになった明大前駅周辺を見て少し寂しく思う気持ちもあるようだ。しかし、これも時代の移り変わりである。明大生も都市型でファッションセンスのいい学生が多くなったため、時代のニーズにあった学生街に変貌していったということだろう。

食事処

地上75メートルの絶景。駿河台の「スカイラウンジ暁」

食べ盛りの学生たちの胃袋を満たすのが学生食堂だ。明治大学でも各キャンパスに学生食堂を設け、学生たちの人気を集めている。

とくに駿河台キャンパスの「スカイラウンジ暁」は地上約75メートル（17階）からの絶景を望みながら食事が楽しめる人気スポットだ。平日は19時までオープンしているため、お台場の観覧車などの夜景が眺望できるほか、ディズニーランドの花火が見えることもあるという。

もともと駿河台キャンパスには、「師弟食堂」という学生食堂があったが、こちらは大学会館地下にあったため、現在のスカイラウンジ暁とはまったく雰囲気が違っていた。地下と地上17階では開放感に大きな差があろう。

一方、一部学生からは「17階まで登るのは面倒だ」という声もある。また、駿河台キャンパスの周辺には飲食店が多く、学生が通い詰める名物定食屋も多い。しかし、やはり眺めがいいという好条件が学生の支持を集めていて、オープンキャンパスなどで訪れる高校生の名所にもなっている。しばしばマスコミに取り上げられることもある。

メニューはカレーが300円、オムレツハヤシが380円と学生の財布には優しい値段設定。人気メニューのベスト5は、第1位がオムレツハヤシ、第2位がロコモコ丼、第3位が定食（週替わり）、第4位がチキンカレー、第5位が駿台スペシャルとなっている。駿台スペシャルとは、コロッケ、チキンシチュー、ガーリックライス（内容変更あり）などが、ワンプレートに盛られ、味噌汁がついたボリューム満点のメニューだ。

和泉キャンパスには、食堂館1～3階に「和泉の杜」という学生食堂がある。野外テラスも設けられていて、ランチの時間帯以外はコーヒーを飲んだり、クレープを食べたりとカフェでリラックスするような楽しみ方もできる。

生田キャンパスには、「HILLS」（スクエア21の2階）、「明大生田DINING」（スクエア21の3階）、「トゥリパーノ」（32号棟1階）、「めん処」（32号棟1階）という4つの学生食堂がある。「HILLS」では、ラーメン類が290円とお手ごろ。「明大生田DINING」にはカフェが併設されていて、丼物などのテイクアウトも可能だ。

中野キャンパスにも低層棟1階に学生食堂がある。学生の食生活を改善するために期間限定で「100円朝食」を提供する取り組みが、学生から好評を得たこともあった。

キャンパスに足を運んだ時は、学生気分に浸りながら食事を楽しんでみてほしい。

食事処

アミにカロリーなど老舗がいっぱい！
駿河台キャンパス周辺の学生街で人気の名店

御茶の水にある駿河台キャンパスの周辺は、多くの大学が密集する学生街だ。勉学やスポーツ、遊びに励んでいる学生たちは、とにかくお腹が減っている。学生食堂もあるが、ランチ時は混雑するため、街にくり出して食欲を満たす学生も多い。しかし、お金をあまりもっていない学生は、できればリーズナブルに満腹になることを求めている。なかでも人気なのが、レストランバー「アミ」。名物は「やきにくライス（みそ汁付）」で、値段も５５０円、大盛りにしても７００円とリーズナブルだ。夜はバーになるためゼミやサークルの打ち上げで使われることも多い。

ＪＲ御茶ノ水駅に近い「キッチンカロリー」は、名前のとおりボリューム満点のメニューがウリ。鉄板の上にスパゲティーと焼肉、コロッケ、唐揚げなどが盛られ、お腹が減っている学生にはたまらないメニューばかりとなっている。「キッチンカロリー」は創業が１９５４（昭和29）年と半世紀以上の長いあいだ、学生街に根づいて愛され続けている。

さらに、「カレー屋ジョニー」も人気だ。タマネギを10時間煮込み、18種類のスパイス

駿河台キャンパス周辺の人気食事処

創業50年以上など、長年にわたって明大生に親しまれてきた店舗が駅近くやキャンパス周辺に点在している。

などを使ったカレーは「少しでも元気にさせられるカレー」がコンセプト。名物のカツはすべて手仕込みで、注文があってから揚げられる。「ロースカツカレー」は並盛りで７１０円。ロースカツの大きさが２倍になる「ビックリ！ロースカツカレー」は並盛りで８２０円だ。カレー屋ではほかに「まんてん」が学生の支持を集めている。

１９５５（昭和30）年創業のレトロな雰囲気漂う喫茶店「さぼうる」は、テレビなどのマスコミでも紹介される有名な老舗。「敷居が高い」と感じる学生もいるらしく、学生のなかでは憧れの的《まと》となっているようだ。

御茶の水周辺に訪れた際は、学生と席を並べて食事してみるのもいいかもしれない。

食事処②

明大前には酔って眠くなったら布団を貸してくれる居酒屋がある？

京王線および井の頭線の明大前駅が最寄りとなる和泉キャンパス。東京都杉並区永福が所在地であり、おもに1、2年生が通っている。大学1、2年生といえば20歳前後で食べ盛り。体育会運動部の合宿所もキャンパスの近辺に多く、ボリューム満点で価格もお手ごろなメニューを提供してくれる飲食店が、ランチや居酒屋を問わず数多く存在する。

明大前の飲み屋、居酒屋を語るうえで欠かせないのが「宮古《みやこ》」だろう。

店名から想像できるとおり、沖縄料理の店。ゴーヤチャンプルーやソーキそば、ミミガーなど沖縄ゆかりの料理が豊富に取りそろう。また、泡盛の種類も充実。南国気分を味わいたい学生の憩《いこ》いの場となっている。

メニュー以外の特徴は、なんといっても布団の貸し出しサービス。お酒が進んで、酔いがまわり、終電を逃してしまうのは大学生ならよくあること。そんな時、店員さんから提供される布団に身をくるめば、深夜の寂しい時間帯でも途方に暮れずにすむのだ。ラストオーダーは深夜12時半。閉店時間も一応、深夜1時となっているが、そこは帰れない学生

明大前駅周辺の人気食事処

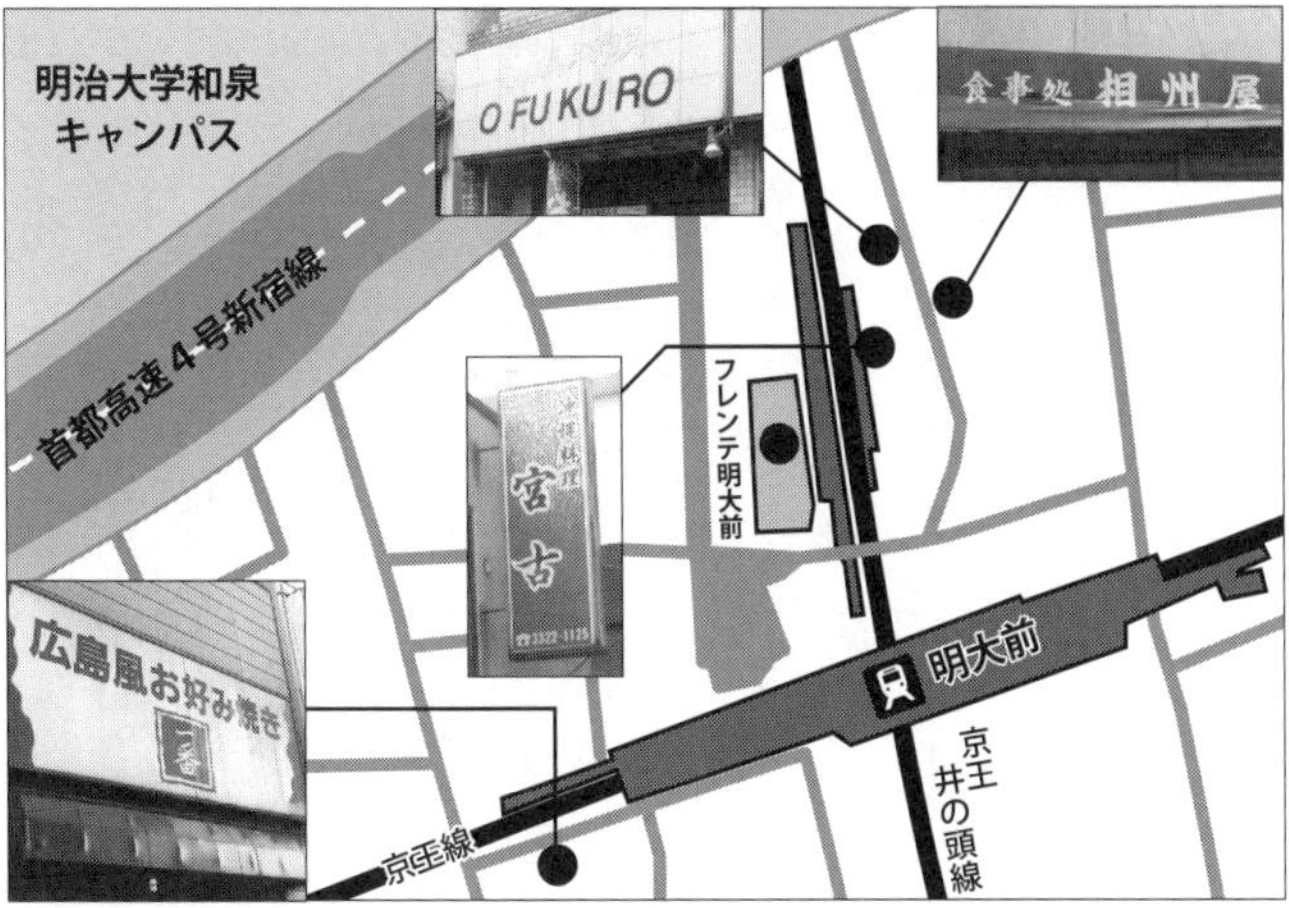

学生街のため、若者にはありがたいボリュームと、財布にやさしいメニューを提供している店が軒を連ねる。

のためにご愛嬌といったところだろうか。

また、ひとり暮らしの男子学生にとって心強い味方となるのが、街の定食屋だろう。料理に慣れず、手間もかけたくない地方出身の学生は、ファストフードやコンビニに頼りがちで、栄養バランスの整った食事を摂ることはむずかしい。こうした心配を解消してくれるのが、明大前駅そばの商店街「すずらん通り」にある2軒の定食屋だ。

一軒目は「おふくろ」。創業から40年以上、明大生の胃袋を支えてきた。メニューの特徴はワンコインで食べられる定食が数種類、用意されていること。揚げ物や炒め物、魚料理などをおかずに、ライスをたいらげる学生が、昼時の店内を埋め尽くしている。

もう一軒は「相州《あいず》屋」。おふくろのほど

近くにあり、こちらも明大生に愛されている。最も人気の高いメニューといわれているのが、スタミナ定食。豚肉と玉ねぎをにんにくなどといっしょに炒めた一品で、ご飯がよく進む。ほかにも、揚げ物や焼き魚などメニューが充実。小鉢もたくさんあり、栄養が偏りがちな学生にはうれしい。

お好み焼きの名店もある。本格的な広島風を提供してくれる「一番」だ。そばやうどんが入っているのが広島焼きの特徴だが、いずれも3玉までなら同じ値段で食べられるため、腹ペコの学生にはうってつけ。アルコールやおつまみも豊富で、夜は居酒屋としても楽しめる。

駅前の新しい商業施設「フレンテ明大前」も、いつもと違った食事を楽しみたい時には、おすすめの食事スポットとなっている。

地下1階にあるスープ専門店「スープストックトーキョー」は、都会的でスタイリッシュなランチタイムを過ごしたい女子学生から人気を集めている。2階に店舗を構える「ピッツァサルヴァトーレクオモ」は、薪窯で焼いた本場のピザを手ごろな価格で楽しめる本格的なイタリア料理店。さらに、同じく2階の「ＷＩＲＥＤ ＣＡＦＥ」はプレート料理やスイーツなどのメニューが充実しているカフェも入っている。

食事処③

ラーメンや中華が充実する生田駅前。キャンパス内の食堂はなんと3軒！

工学部や農学部などがあり、おもに理工系の学生が通う生田《いくた》キャンパス（神奈川県川崎市多摩区）。小田急線生田駅から徒歩で10分程度の距離だが、駅前やその周辺には、学生の胃袋を満たしてくれる飲食店が存在する。

やはり、ランチの定番といえばラーメンだが、学生からの支持を集めているのが駅前にある「麺処 なると」。太麺に濃い味のスープ、具材にはたっぷりの野菜と分厚いチャーシューが盛られた、いわゆる〝二郎系〟のラーメンである。ボリューム満点で、腹ペコの学生にはうれしい。同じラーメンでは、喜多方流の「はらっぱ」、手ごろな価格で本格的な中華を味わえる「味良《あじよし》」や同系統の「麺菜家《めんさいか》 尾《お》いけ生田店」「大むら」も人気だ。

ひと昔前なら、生田といえば宇都宮餃子というイメージが強かったが、その様子も時代の流れとともに変わっていったようだ。

揚げ物を中心とした定食屋の「おしげ食堂」も定番。量が多く、腹いっぱいになれることから、生田に通う男子学生の人気を集めている。そのほか、「寿司居酒屋　多満」、本格的なインドカレーが楽しめる「亜細亜食堂ミルチ」など、お腹や懐の具合でバラエティに富んだ食事を楽しむことができる。

ただやはり、駿河台や和泉などの都心にあるキャンパスと比較すれば、致し方ないことだが飲食店の数で劣る点は否めない。しかし、その分、学内の食堂はかなり充実している。まずは「生田食堂館　スクエア21」。その2階にある「HILLS」は定食や丼もの、カレー、麺類などが豊富に取り揃い、多くが200円から400円台で楽しめる。3階の「明大生田DINING」は、さらにパスタやフルーツ、パンなどが充実しており、女子学生に人気。また、いずれも夜8時まで営業しており、研究に没頭する理系学生の強い味方となっている。

また、32号棟にはドリンクやパン、15種類のソフトクリームが楽しめる「トゥリパーノ」と、うどんやそば、丼ぶりが豊富な「めん処」の2軒があり、その日の気分でチョイスが可能だ。

part3

明治大学の名を高める名門運動部

ラグビー部①

「前へ」――名将・北島忠治が築いた明治を象徴するプレースタイル

２０１３（平成25）年12月1日。東京の国立競技場に、４万５０００人の大観衆が集まった。グラウンドでくり広げられていたのは大学ラグビー、明治大学対早稲田大学の伝統の一戦。同競技場は２０２０年開催の東京五輪のために、２０１４（平成26）年から改修工事が行なわれる予定で、このゲームが現状の国立で開催される最後の明早戦。両校の関係者や一般学生の有志が、国立ラストゲームを少しでも盛り上げようと集客に尽力し、近年は半分程度の客入りだった明早戦が、ほぼ満員の観客で埋め尽くされた。

そもそも、ラグビーの明早戦が盛り上がるようになったのは、明治の学生の早稲田に対するコンプレックスが要因といわれる。かつては明治を早稲田の〝滑り止め〟として受験する学生が多く、早稲田に入れなかった受験生が明治に入学するという風潮があった。そのため、こうした経緯で入学した明治の学生は劣等感を抱き、そのはけ口を大学ラグビーに求めた一面もある。とくに１９８０年代から90年代は、明治が早稲田に勝利することが多く、明早戦は人気のピークを迎えた。

明治は重量級のフォワードが接近戦で押していくスタイル。小柄な選手が多い早稲田を肉弾戦で圧倒していく姿に喜びを覚えたのである。

こうした明治独特のラグビースタイルを築き上げたのが、野球部の島岡吉郎《しまおかきちろう》とともに偉大な指導者だけに許される称号〝御大《おんたい》〟と呼ばれた、北島忠治《きたじまちゅうじ》元監督である。

北島が明治ラグビー部の監督に就任したのは、1929（昭和4）年。もともと相撲部のキャプテンだった北島は、ラグビー部の練習への参加がきっかけで、その魅力に取りつかれて相撲部を退部。さらに大学も辞めて、改めて明治に入り直したという経歴をもつ。そして、選手としてプレーしたあと、監督に就任。以降、67年間にわたって指導にあたった。その熱意はすさまじく、より集中して指導できるように、練習グラウンドがある東京都世田谷区の八幡山に自宅を建築したという。

北島は激しい実戦形式の練習で選手の心身を鍛え上げていった。これは、苦しい場面でも逃げない強さを身につけるためであり、実際の試合で見せる〝押しの強さ〟と相まって、いつしか「前へ」という明治ラグビーを象徴する言葉が生まれたのである。

さらに、このスタイルは戦術的にも非常に合理的だった。ラグビーは、敵陣のインゴールと呼ばれるスペースを破ってトライを奪い合うスポーツ。前方にまっすぐ進めば、相手陣内に最短距離で進むことができ、得点の可能性が高まる。「前へ」は、その精神性ばかり注目されるが、勝利を得るスタイルとして戦術的にも優れたものなのである。

こうした心身の「前へ」の強さを武器に、北島率《ひき》いる明治は関東大学対抗戦で23度、全国大学選手権で11度の優勝を達成。１９７５（昭和50）年には、全日本チャンピオンにも輝いた。１９２２（大正11）年に創部され、90年以上の歴史を誇る明治ラグビー部において、社会人を含めた日本選手権で優勝を果たしたのは、この一度きりである。

明治をこれだけの勝利に導いた北島の性格は、負けず嫌いそのものだった。１９８７（昭和62）年に世界一のチームであるニュージーランド代表が来日。この時、スクラムの練習パートナーを務めたのが明治だった。相手は世界一の強さを誇るだけに、明治は奮闘するも、やはり勝てない。だが、練習後に記者からニュージーランド代表の印象を聞かれた北島は「（相手の）組み方が悪い」と言い切ったという。世界一のチームを相手にしても、意地を張り通せる北島だからこそ、明治ラグビー部をここまで強くできたのだろう。

しかし、１９９６（平成８）年に北島が亡くなって以降、明治ラグビーは弱体化。10年以上も優勝から遠ざかってしまう。この悪い流れを断ち切ったのが、２００９（平成21）年に監督に就任した吉田義人《よしだよしひと》だ。北島の教え子である吉田はチームを再建し、２０１２（平成24年）に14年ぶりとなる関東大学対抗戦優勝を達成した。現在は、その吉田と同期だった丹羽政彦《にわまさひこ》が監督を引き継ぎ、黄金時代の再来を目指して、指導に汗を流している。

ラグビー部②

松尾、吉田、元木など……。明治ラグビーはスター選手の歴史！

90年以上の歴史をもち、〝御大〟北島忠治が70年近く指揮を取って輝かしい時代を築いた明治大学ラグビー部からは、数々のスター選手が生まれた。

その筆頭格が、１９７５（昭和50）年に唯一となる日本選手権優勝の立役者となった松《まつ》尾《お》雄《ゆう》治《じ》だ。松尾は高校時代から明治および北島と縁があった。高校１年の時、成城学園高校を退学処分となり、ラグビーができなくなった松尾は、父や叔父とともに北島のもとを訪れ、練習への参加を志願。毎日12時半に明治の練習グラウンドに来ることを条件に、練習参加を許された。

その後、東京都立目黒高校へと転入し、卒業後に明治へ入学。もともとバックスの選手にパスを配給するスクラムハーフだったが、北島の命令でチームの司令塔の役割を果たすスタンドオフへと転向する。スクラムハーフというポジションに誇りをもっていた松尾は、この転向で練習に身が入らなくなるほど落ち込んだというが、同期の支えもあって一念発起。４年生の時に明治を日本選手権優勝へと導いた。

明治大学ラグビー部出身の著名選手

名前	卒業年度	活躍
森重隆《もりしげたか》	1973 年	元日本代表の名センター。新日鐵釜石に入社。黄金期を支えた。
笹田学《ささだまなぶ》	1975 年	日本選手権優勝時の主将。その後、日本代表の FW としても活躍。
藤田剛《ふじたつよし》	1982 年	主将として全国大学選手権優勝。ワールドカップに 2 大会連続出場。
太田治《おおたおさむ》	1986 年	FW 最前線の選手として活躍。2005 年に日本代表の初代 GM に就任。
大西一平《おおにしかずひら》	1988 年	4 年時に主将。神戸製鋼 7 連覇の立役者。日本 IBM の監督も務めた。

本文で紹介した選手以外にも、明治ラグビー部出身で、その後、社会人や日本代表として活躍を見せた選手は少なくない。

卒業後は、社会人の名門、新日鐵釜石《しんにってつかまいし》に入社。日本選手権7連覇に貢献し、日本代表として活躍した。歴史に残る名選手として、今もオールドファンの記憶に残っている。現在は、同じ明治出身のビートたけしをマネジメントする、オフィス北野に所属してタレント活動を行なうかたわら、2012（平成24）年までの9年間、成城大学の監督を務めていた。

松尾に続く明治出身のスターは、快足ウイングとして名をはせた吉田義人だ。1987（昭和62）年に入学した明治では1年からレギュラーの座をつかみ、数々の記憶に残るトライを決めた。選手としての能力はもちろん、勝負強さやキャプテンシーなどが評価され、大学生ながらラグビー界のスター選手となった。また、1991年（平成3）年のワールドカップでは、ジンバブエ戦で2トライをあげ、日本代表の同大会初勝利に大きく貢献した。

35歳まで現役を続けた吉田は、2009（平成21）年に明治ラグビー部の監督に就任。選手のフィジカルを鍛えて、就任4年目にはチームを14年ぶりとなる関東大学対抗戦優勝へと導いた。吉田も北島が松尾に施したのと同じく、選手のポジションを大胆にコンバートしてチームを強化。北島イズムを継承する采配を振るった。

吉田と同時代に活躍した、攻守に高いスキルをもつ元木由記雄《もときゆきお》も、明治が生んだ名選手のひとり。4年でキャプテンを務めた元木は、在学中に三度の全国大学選手権優勝を達成し、同時に日本代表として活躍した。社会人になってからも日本代表に招集され続け、80近い試合に出場する。その存在感とタフさから「ミスターラグビー」「鉄人」と呼ばれた。

そのほか、現役引退後に名指導者となる選手も目立つ。1970年代、頭脳派のスタンドオフとして明治を牽引した砂村光信《すなむらみつのぶ》は、元U-23日本代表監督。また、1940年代に名フォワードとして活躍した斎藤寮《さいとうりょう》はのちに日本代表監督を務めた。元木と同時代に明治の黄金期を支えた永友洋司《ながともようじ》は2014（平成26）年現在、トップリーグのキャノンイーグルスの監督となっている。明治で北島の指導を受けた選手たちは、指導者としても手腕を発揮しているのである。

野球部

人間力野球を生んだ島岡吉郎監督。就任当初は部員から総スカン？

大学スポーツの花形である東京六大学野球において、現在まで存在感を示し続けるのが、明治大学硬式野球部だ。創部は１９１０（明治43）年。同年9月に慶應義塾大学との招待試合が行なわれ、これが硬式野球部としての最初の正式なゲームとされている。

創部からしばらくは、頻繁に海外遠征が実施された。ハワイや上海など数年に一度のペースで海外へと飛び、腕を磨いていく。こうして徐々に力をつけていった野球部は、ついに初めての歓喜の瞬間を迎える。

１９２３（大正12）年、当時、東京帝国大学（現・東京大学）を除く5大学で行なわれていたリーグ戦で優勝。岡《おか》田《だ》源三郎《げんざぶろう》監督が、関西を中心に優秀な選手をスカウトして、強力なチームをつくり上げた結果だった。関西圏から有力な選手を集めるチーム強化は、現在では当然となっているが、そのはしりだったのかもしれない。創部から13年、こうして野球部は快挙を達成したのである。そして、この優勝は明治の野球部に自信をもたらした。

その5大学リーグ戦優勝から2年後の１９２５（大正14）年、現在まで続く東京六大学野球がスタート。元号が昭和に変わり、時代の空気も新たなものになると、明治は快進撃を見せる。1927（昭和2）年の秋、そして翌年の春と2シーズン連続で優勝を達成。いずれも全勝優勝で、まさに圧倒的な力を見せつけての連覇だった。原動力となったのはエースの中村峰雄だ。この2季連続優勝でチームがあげた16勝のうち14勝は、中村が登板したゲームだったのである。現代では先発投手がこれほど酷使されることはないが、当時は一番手の投手が連投を重ねるのが当たり前の時代。名実ともにエースにふさわしい投手だった中村は、フル回転の活躍で、野球部に最初の黄金期をもたらしたのである。

その後もコンスタントに優勝を重ねた明治は、1937（昭和12）年の春から4季連続優勝を飾る。この間の明治は総合力の高さが際立っていた。多くの選手が打撃ランキングの上位に名を連ねるなど打線が好調。また、投手の分業制をいち早く導入し、先発からリリーフへとバトンタッチする継投策で失点を抑えた。

このように六大学野球創世期において黄金期を迎えていた野球部。ところが、突如として野球の神様に見放される。

元凶となったのは第二次世界大戦。1943（昭和18）年、文部省からの命令で、突如、六大学野球が中止に追い込まれた。さらなる戦況の悪化で、部員たちも戦争に駆り出され、野球部そのものの運営が困難になっていく。そして、同年11月、野球部は解散へと追い込まれた。黄金期を迎えた時期に、明治から野球がなくなった。

復活は終戦まもない1945（昭和20）年。一般学生を対象に部員募集をする形で野球部が新たに生まれ、翌年には六大学野球も再開。大学野球に再び春が訪れた。

ただし、明治自体は戦前ほどの輝きを見せられなくなる。優勝からも遠ざかり、事態を重く見た大学は首脳陣を一新。この時、監督に就任したのが、のちに明治を再びの黄金時代へと導き、〝御大〟と呼ばれるようになる島岡吉郎だった。戦後から昭和末期にかけて指導にあたり、「明治に島岡あり」と恐れられた名物監督だ。明治の野球部を語るうえで欠かせない人物である。

現在では、大学野球界において伝説的な指導者として語り継がれる存在だが、監督就任当初は決して歓迎ムードではなかった。それどころか、あからさまなアレルギー反応さえ起こり、多くの主力選手が島岡の監督就任に反対して、自主退部する事態まで起こってしまう。原因は島岡の経歴にあった。

明治の付属校である明治高校を率いて、三度の甲子園出場を果たすなど高校野球の世界では実績を残していた島岡だったが、実際にプレー経験はなく、学生時代に所属していたのは応援団。いわば野球に関しては素人同然で、多くの主力選手が「野球の名門、明治大学を指揮するのにふさわしくない」と感じ、大量退部へとつながったのである。

だが、のちに名監督と評されるようになる島岡の心は折れなかった。名門復活を目指して猛練習を敢行。「血のションベンを出せ」と早朝から夜遅くまで練習を行ない、選手に有無をいわさず野球漬けにすることで心身を鍛え上げていった。ただし、きびしいばかりではない。上下関係がハッキリした体育会の世界において、便所掃除などの雑用は下級生に任される仕事。だが、島岡は「人の嫌がることこそ上級生がやれ」と4年生に命じるなど〝人間教育〟にも重きを置いて選手と接した。こうした姿勢から、島岡の指導法や野球スタイルは、「人間力野球」と呼ばれるようになったのである。

1989（平成元）年に亡くなるまで、総監督も含めて約40年間、野球部の指導にあたった島岡。この間に、明治を十五度の六大学野球優勝、五度の大学日本一へと導いた。その偉業を称えて、現在、明治が練習に励んでいる東京都府中市のグラウンドは、創部の立役者である内海《うつみ》弘蔵《こうぞう》の名前と合わせ、「内海島岡ボールパーク」と呼ばれている。

現在の野球部は時代の流れもあり、島岡が指導していた当時ほどの練習は行なわれていない。しかし、その精神は脈々と受け継がれている。2008（平成20）年以降の6年間12シーズンで、六大学野球を五度制覇。また、2014（平成26）年秋まで4季連続優勝中だ。創部からおよそ100年、島岡によって礎が築かれた明治野球部は、三度目の黄金期を迎えている。

サッカー部

指揮官の改革断行で古豪復活。サイドバックは明大生の適正ポジション？

イタリアの強豪インテルに所属し、日本代表でも主力として活躍する長友佑都《ながともゆうと》。ルーキーイヤーの２００８（平成20）年に、Ｊリーグの新人王とベストイレブンに選出された、名古屋グランパスの攻撃的ＭＦ・小川佳純《おがわよしずみ》。ここ数年、プロサッカー選手として輝きを見せる彼らは、いずれも明治大学サッカー部の出身である。１９２１（大正10）年に創部され、かつては隆盛を極めた同部も、一時は関東大学リーグで２部落ちを経験するなど低迷。だが、近年、選手の意識改革や部内組織の充実をはかり、優秀な選手を次々と輩出している。

その立役者が、２００４（平成16）年に監督に就任した神川明彦《かみかわあきひこ》だ。同部ＯＢであり、明治の大学職員である神川は就任以降、選手の意識改革に取り組んだ。信念は〝文武両道〟。サッカー部員である前に、学生であることを選手たちに諭し、授業への出席を義務づけた。そのために、午後や夕方から始まっていた練習を早朝に変更。練習が終わった後に、学校へ行って授業に参加するというサイクルをつくりあげた。この改革によって力をつけたサッカー部は当時、関東大学リーグの２部ながら１部の強豪を撃破して関東大学選手権大

明治大学サッカー部出身の著名選手

名前	卒業年度	活躍
江尻篤彦《えじりあつひこ》	1989年	ジェフ市原の攻撃的MFとして活躍。同チームの監督も務めた。
浅利悟《あさりさとる》	1996年	卒業後に東京ガス（現・FC東京）に入社。ボランチとして長く活躍。
山田大記《やまだひろき》	2010年	ドリブル突破が武器。2014年、ジュビロ磐田からドイツ2部に移籍。
小林裕紀《こばやしゆうき》	2010年	4年時にジュビロ磐田の特別指定選手に。アルビレックス新潟所属。
三田啓貴《みたひろたか》	2012年	4年時にFC東京の特別指定選手に。同クラブ所属。

Jリーグ創世期を支えた名選手を数多く輩出した明治大学サッカー部。現役選手にも、J1レギュラーや海外移籍を果たした選手がいる。

会で優勝。古豪復活への足がかりを築いていった。

以降もサッカー部の快進撃は続く。2009（平成21）年度の天皇杯におけるJ1チーム撃破、翌年の約半世紀ぶりとなる全日本大学選手権大会優勝など、明治サッカー部は完全復活を遂げた。現在は、関東大学リーグ1部で、毎年のように優勝争いをくり広げており、大学サッカー界において押しも押されもせぬ存在となった。

また、同部にはサッカー界のレジェンドと呼ばれるOBが数多く存在する。

まずは、卓越した技術で数々のスーパーゴールを生み出したテクニシャン木村和司《きむらかずし》。1985（昭和60）年のメキシコワールドカップ最終予選の韓国戦で、ゴール左隅に決めた直接フリーキックは、今もなお多くのサッカーファンの記憶に残っている。現役引退後は指導者に転向。２０１０（平成22）年シーズンから横浜Ｆ・マリノスの監督を務めた。また、なでしこＪＡＰＡＮの指揮官としてワールドカップ優勝を成し遂げた佐々木則夫《ささきのりお》も同部の出身だ。卒業後は大宮アルディージャの前身であるＮＴＴ関東サッカー部で活躍。その後、指導者の道へと進み、２００７（平成19）年に日本女子代表監督に就任した。前述の木村とは大学の同期かつ寮友でもあり、親交が深いという。

さらに、左利きの快速ウイングとして１９６０年代の日本サッカー界を牽引した杉山隆《すぎやまりゅう》一《いち》も同部ＯＢだ。１９６８（昭和43）年のメキシコシティ五輪に参加した杉山は、日本代表の銅メダル獲得に貢献。得意とする左足からのセンタリングを武器に5アシストをマーク。また、前大会の東京五輪には、明治在校中ながら主力としてチームに帯同している。

現在のレジェンドの筆頭格は、日本代表の左サイドバック長友佑都だろう。サイドライン際を持ち前の豊富な運動量で走りきり、攻守ともに高い貢献度を誇る。ちなみに、同部ＯＢでＪ１の柏レイソルで活躍する藤田優人《ふじたまさと》や、２０１４（平成26）年のアジア大会日本代表に大学生として唯一選出された現役学生の室屋成《むろやせい》も、長友と同じサイドバックだ。忍耐力とスタミナ、与えられた仕事を黙々とこなす能力を求められるポジションだけに、どこか無骨なイメージのある明大生の気質と合致するのかもしれない。

卓球部

日本卓球界のエースとなる存在を生み出し続ける大学卓球の雄

創部から80年以上の歴史を誇る卓球部は、数々の名選手を生み出してきた。伝説のカットマンとして人気テレビ番組でも取り上げられ、日本初のプロ契約選手となった松下浩二《まつしたこうじ》。松下のライバルかつダブルスのパートナーであり、五輪3大会連続出場の渋谷浩《しぶたにひろし》。六度のシングルス全日本選手権優勝を誇り、世界選手権ではダブルスで二度3位に輝いている水《みず》谷隼《たにじゅん》など、卓球界にキラ星のごとく輝くスター選手や実力派を輩出している。

松下と渋谷の関係はおもしろい。ともに１９６７（昭和42）年生まれで、１９８６（昭和61）年に明治大学へと進学し、チームメイトとなる。ふたりは中学、高校時代からのライバルで全国大会の決勝でそれぞれ二度対戦。この時はいずれも渋谷が松下を破り、優勝を果たしている。つまり、１９８６年の明治卓球部には、日本卓球界の将来を担う高校チャンピオンと、その最大のライバルが同時に入部したのである。

明治で再会することとなった松下と渋谷は、それまでのライバル関係からチームメイトとなり、ダブルスのペアを組むようになる。スタイルはともに、台から離れてバックスピンをかけたボールを返すカットマン。能力に秀でたライバルは共鳴し合い、次々にビッグタイトルを獲得していく。

　ふたりが在学した4年間で、明治はインカレで二度にわたり団体優勝を遂げる。この間、松下・渋谷ペアは社会人を含めた全日本選手権で二度優勝。渋谷は関東学生リーグ戦で史上最多タイとなる36勝をあげるなど、卓球界において、その存在を大きくしていった。

　卒業後に社会人となってからも、ふたりのペアは継続された。２００１（平成13）年までに全日本選手権で五度優勝。ともにバルセロナ、アトランタ、シドニーと3大会連続で五輪出場を果たすなど、後年まで日本卓球界を支え続けた。

　松下・渋谷時代を経て、その後の明治の星となったのは水谷隼だ。弱冠15歳で世界選手権の日本代表に選出されるなど早くから頭角を現わし、世界選手権ではダブルスと団体を合わせて、現在までに6つの銅メダルを獲得。明治では二度のインカレ団体優勝に貢献し、明治卓球部に新時代を到来させた。

　そして今後、飛躍が期待される選手がいる。１９９４（平成6）年生まれの丹羽孝希《にわこうき》だ。ロンドン五輪予選では当時、世界ランク1位だった中国選手を破るなど、日本卓球界のホープと目されている。明治でも圧倒的な強さでインカレ制覇の立役者となるなど、松下、渋谷、そして水谷と続く、明治卓球部の輝ける歴史を継承していくだろう。

ボクシング部

大学ボクシング部として日本最古。多数のオリンピアンを輩出してきた

90年の歴史を誇る、明治大学体育会ボクシング部。1924（大正13）年に日本の学校で初めて創設されたボクシング部で、部活動における同競技のパイオニア的存在だ。

強豪として知られ、関東大学1部リーグ戦では何度となく優勝を果たし、その名を轟かせた。また、関東大学1部リーグ戦王者と近畿学生リーグ王者のあいだで争われる、全日本大学ボクシング王座決定戦では三度の優勝を勝ち取り、全国王者に輝いている。1952（昭和27）年と1956（昭和31）年はいずれも関西大学、1963（昭和38）年は近畿大学を破っての優勝。このように、1960年代の前半までは、大学ボクシングの頂点を競う強豪として、存在感を示していた。

創部から強豪として名を馳せた時代には、在学中や卒業後を問わず、多くの選手が各階級の日本代表として五輪出場を果たしている。

のちに同部の初代OB会長を務め、部の創設に携わった臼田金太郎《うすだきんたろう》は、1928（昭和3）年のアムステルダム五輪にウェルター級代表として出場。準々決勝で敗れ、メダル獲得は

ならなかったが、体格的にハンデのある日本人選手が中量級でも活躍できることを周知させた。ちなみに、臼田は1924（大正13）年、同部を創設する直前にプロのリングに上がり、日本ライト級王座決定戦に勝利。プロの初代日本ライト級王者となっている。つまり、明治ボクシング部は、プロの現役日本王者によってつくられたのである。

1956（昭和31）年に行なわれたメルボルン五輪には、当時在校生だった米倉健司《よねくらけんじ》がフライ級の代表選手として出場した。大学生ながら社会人も出場する全日本選手権を制し、オリンピック出場の切符を獲得。米倉は同じ福岡県出身で、同部の先輩にあたる田中敏朗《たなかとしろう》のアパートに居候しながら練習に励み、腕を磨いていった。

田中も、ライトフライ級とフライ級の2階級で全日本選手権優勝を果たし、日本人初の世界王者である白井義男《しらいよしお》のスパーリングパートナーまで務めた名選手。その先輩と公私ともに交流を深めながら、五輪出場という快挙を達成した。米倉は卒業後にプロへと転向。二度の世界挑戦を経験したのちに、ボクシングジムを設立。5人のプロボクシング世界王者を育て上げた。

しかし、その後の同部は低迷。関東大学リーグの2部と3部を行き来する時代が続く。2014（平成26）年現在は最後の全日本王者を経験した星野隆監督のもと、黄金期の再来を目指して、その拳に磨きをかけるべく、トレーニングに取り組んでいる。

冬季スポーツ

圧倒的な強さを誇る〝冬の王者〟。黎明期には3種目を掛けもち!?

冬季スポーツといえば、ジャンプなどのスキー競技と、フィギュアやアイスホッケーなどのスケート競技が知られているが、ここではスケート競技について取り上げたい。

明治にはアイスホッケー、フィギュア、スピードスケートの3部門で構成されるスケート部があり、その歴史は古く、１９２５（大正14）年に創部された。２０１４（平成26）年までの約90年のあいだに、数多くの五輪選手を輩出してきた名門である。

名門である理由は歴史の長さだけにとどまらない。３部門すべてが大学スケート界においてトップレベルにあり、毎年1月初旬に行なわれる日本学生氷上競技選手権大会——通称インカレでは他大学を圧倒する成績を残している。

インカレは各部門の成績をポイント化し、それを合計して大学ごとの総合得点を算出するのだが、その総合得点でトップに立った回数が男子はなんと54回。２０１４年までに、インカレは86回の開催を重ねてきたが、その半数以上で総合優勝を飾っている。各部門の優勝回数も、いずれも30回前後と、その強さをうかがい知ることができる。

ちなみに、女子も五度の総合優勝を誇り、大学スケート界でコンスタントに勝ってきた。こうして明治スケート部は、いつしか「冬の王者」と呼ばれるようになった。

このように、圧倒的な強さを見せる明治のスケート部だが、創部当初は産みの苦しみを味わった。東京はスケート競技との縁が薄く、競技者の数自体が少ない。そのため、スケート部全体が部員不足となり、当時はスピードスケート、フィギュア、アイスホッケーと3種目すべての競技に出場する選手までいたという。種目ごとに練習方法が細分化され、より高度な技術が求められるようになった現代では、少し理解しがたい逸話である。

こうした問題は、競技に慣れ親しんだ北海道出身者が徐々に増えたことで解決されていった。現在では、地元の北海道で開催されたインカレにおいて、明治が好成績を残す姿を見て入部を希望する選手も多く、時代の流れを感じさせる。

歴史を重ねていくなかで、五輪や世界選手権などの大舞台で活躍する選手も現れた。その代表格が、1972(昭和47)年の札幌五輪で選手団主将を務めた、スピードスケートの鈴木惠一《すずきけいいち》だろう。500メートルを主戦場とした鈴木は、在学中の1964(昭和39)年のインスブルック五輪に出場し、見事に5位入賞。同年の世界選手権では優勝を果たした。その後、二度のオリンピックを経験した鈴木は、1993(平成5)年にスケート部門の監督に就任。世界を知る男として後輩たちの指導にあたっている。

体操部

かつては金メダルの塚原も在籍。一部昇格を目指して奮闘中

明治大学の体操部で、真っ先に挙がる名前といえば、2004（平成16）年のアテネ五輪で金メダルを獲得した男子団体総合メンバーのひとり、塚原直也《つかはらなおや》だろう。1976（昭和51）年のモントリオール五輪以来の快挙。さらに、その団体メンバーに父親の塚原光男《みつお》が名を連ねていたこともあり、親子鷹の物語として世間の話題を呼んだ。

付属校である明大中野中学、明大中野高校とエスカレーター式に進学した塚原は、1996（平成8）年に明治に入学。その前年には高校生ながら、社会人を含めた全日本選手権大会で個人総合2位に入る活躍を見せ、同年に開催が予定されていたアトランタ五輪の有力候補に名前が挙げられていた。そうした実績に加えて、同競技の金メダリストを父にもち、さらに端正な顔立ちもあいまって、塚原は注目の存在となっていた。

塚原の入学によって、体操部自体の練習環境も大きく変わった。それまで和泉キャンパス内の体育館で行なわれていたトレーニングを、塚原が入部する前年の秋から朝日生命体育館へと変更。光男氏が同体育館の館長を務めていた縁ゆえだろう。

まさに〝塚原体制〟ともいえる部内改革だったが、弱冠18歳の塚原は重圧に負けることなく、期待に応える。アトランタ五輪代表選考会を兼ねた同年5月のＮＨＫ杯で5位入賞を果たし、代表に内定。ゆかと跳馬では同種目最高タイとなる得点を叩き出した。

五輪本番までに1日8時間の練習に臨んだ塚原は、日本代表でトップとなる得点をマーク。団体総合は10位に終わったが、将来を期待される新エースとして存在感を示した。

その後、塚原は日本で敵なしの存在となっていく。在学中に全日本選手権4連覇を達成。この間、二度の世界選手権出場を果たし、個人と団体を合わせてふたつの銀メダルと銅メダルを獲得。名実ともに日本体操界のエースとなっていった。

明治体操部も、同時に輝きを増していく。１９９７（平成9）年、塚原が2年生の時に行なわれた全日本学生選手権の2部団体で見事に優勝し、25年ぶりに1部復帰。塚原のミスを当時のキャプテンを中心に、チーム全体でカバーしての快挙だった。

近年は2部に低迷し、塚原ほどのビッグネームも在籍していないが、体操競技を通しての自己の確立を目指して練習に励んでいる。

なお、体操部はゆかやあん馬、つり輪、平行棒などの種目がある体操部門と、リボンやクラブ、ロープなどを用いて芸術点を争う新体操部門に分かれており、それぞれのスペシャリストが1部昇格に向けて、汗を流す日々を送っている。

競走部

「箱根駅伝」生みの親のひとり。低迷期を脱して存在感を徐々にアピール

競走部と聞くと、トラック種目やマラソンなどの〝走る種目〟に特化した部活と思われるかもしれないが、明治大学には投てき種目や跳躍種目の選手も所属しており、陸上競技全般を網羅している。ただし、歴史的に〝走る種目〟で実績を挙げており、現在でも、部員の多くが中距離および長距離の選手である。創部は１９０７（明治40）年。大学の競走部および陸上部としては最古であり、１００年以上の歴史と伝統を誇る部活だ。

また、大学の陸上競技を語るうえで欠かせないのが、正月の風物詩「箱根駅伝」。感動や涙を生む闘いがくり広げられ、人気や注目度はすべての大学スポーツでトップだ。

この大学スポーツ随一の人気を誇る箱根駅伝をつくったうちのひとりが、明治の競走部員だった。１９１９（大正８）年、他大学の陸上仲間ふたりと電車に乗っていた明治の沢田栄一は、五輪の長距離種目で戦える人材を日本から輩出するための方法を話し合っていた。そこで発案されたのが、大学同士で競い合う長距離駅伝だったのである。

ルートを東京―箱根間に定め、翌１９２０（大正９）年2月に明治、早稲田大学など4

過去10年の箱根駅伝での明治大学の成績

開催年	成績
2006年（第82回）	総合18位（往路16位・復路19位）
2007年（第83回）	総合16位（往路11位・復路19位）
2008年（第84回）	予選落ち
2009年（第85回）	総合8位（往路7位・復路9位）
2010年（第86回）	総合10位（往路6位・復路14位）
2011年（第87回）	総合5位（往路4位・復路7位）
2012年（第88回）	総合3位（往路3位・復路3位）
2013年（第89回）	総合7位（往路4位・復路13位）
2014年（第90回）	総合6位（往路7位・復路7位）
2015年（第91回）	総合4位（往路2位・復路6位）

2008年大会で予選落ち、本選出場を逃したことを境に成績は急上昇。2012年大会の総合3位という成績が光る。トータルで見ると復路が課題か。

校で第1回をスタート。箱根駅伝の歴史がついに幕を開けた。

大会創世期において、明治は躍動。第10回大会までに五度の総合優勝を果たすなど実績を残したが、他大学の台頭もあり黄金期は長く続かない。優勝回数は減り、前年の上位校に与えられるシード権獲得はおろか、本選出場を逃すことさえ多くなった。

しかし、部員の努力と大学が箱根に力を入れたこともあって、2005（平成17）年に14年ぶりに本選出場を果たす。その後は2008（平成20）年を除き、本選に出場し続け、2012（平成24）年の第88回大会では総合3位に入った。本選復活から上位に食い込むようになった明治は、古豪としての存在感を現わし始めている。

端艇部

明治大学最古の運動部。かつての勢いを取り戻し始めた古豪

端艇《たんてい》部と聞くと耳馴染みがないかもしれないが、簡単にいえば、スピードと順位を競うボート競技のことである。大学スポーツの花形であり、毎年4月に早稲田大学と慶應義塾大学のあいだで争われる「早慶レガッタ」や、イギリスの名門であるオックスフォード大学とケンブリッジ大学が対戦する「ザ・ボートレース」などが人気を集めている。

こうした人気のレースは、おもに8人のクルー（舵手）がひとつの舟に乗る、エイトと呼ばれる種目で争われる。ほかに、クルーの人数や舵手が手繰るオールの大きさや本数によって、シングルスカルやフォアなど、その種目は細分化されている。

明治大学端艇部の歴史は古く、創部はなんと1905（明治38）年。これは明治の体育会運動部として最古であり、100年以上の歴史をもつ伝統ある部活なのだ。当時は、国内に多くの西洋スポーツが導入され始めていた。なかでも華やかなボート競技は、ハイカラさを求める時代の空気とも相まって、その先駆けとして人気を集めていく。そうした流れのなかで、明治でも端艇部の創設に至った。

大正時代に入り、大学対抗戦が本格化。1920（大正9）年に日本漕艇協会が設立され、明治のほかに早稲田大学や東京帝国大学（現・東京大学）などが参加し、現在のインカレの前身にあたる大会が開かれるようになった。

ここで目覚しい活躍を見せたのが、明治の端艇部だった。ライバル校を圧倒する形で次々と優勝を果たし、大正末期から昭和初期にかけて、黄金時代を築いたのである。

だが、いい時代はいつまでも続かない。第二次世界大戦の前後を境に成績は低迷。世界的な人気種目であるエイトでの優勝からも遠ざかるなど、長い低迷期に入っていく。

再び上昇気流に乗り始めたのは2000年代。男子の舵手なしペアが社会人を含めた全日本選手権で優勝を果たしたのをきっかけに、古豪復活の狼煙《のろし》をあげる。とくに躍進が目立ったのは女子部員。インカレや全日本選手権で次々と表彰台に上がり、2008（平成20）年のインカレでは3種目で優勝を達成。さらに、2014（平成26）年の全日本選手権では花形種目であるエイトの連覇を達成するなど、圧倒的な強さを見せた。男子も、ここ2年のインカレにおいて優勝する種目が生まれ、徐々に復調の気配を見せている。

ちなみに、こうした主要な大会は埼玉県の戸田ボートコースで行なわれる。明治の寮はこの施設に隣接。ほぼすべての部員が共同生活を送る。都内にこうした環境が少ないのが理由で、関東のライバル校の多くも同様に、戸田ボートコース近くに寮を構えている。

山岳部

日本初のマッキンリー登頂に成功！伝説の登山家を輩出した超名門

２０１１（平成23）年、明治大学は大学山岳界の歴史に名を残す偉業を達成した。６月６日、山岳部の現役部員５名とＯＢ２名によって編成された登山隊が、エベレストよりも山体の大きい、アラスカの最高峰マッキンリー登頂に成功したのである。

マッキンリーの標高は６１９４メートル。この大山への登頂成功は、明治山岳部にとって悲願だった。１９６０（昭和35）年、日本人として初めてマッキンリーに登ったチームが、今回と同じ山岳部の現役部員とＯＢで編成された登山隊。それから約50年経った２０１１（平成23）年は明治の創立１３０周年にあたり、その記念として、明治山岳部によるマッキンリー登頂が行なわれたためである。

山岳部の歴史は古く、創部は１９２２（大正11）年。高校には山岳部が少なく、大学に入ってから本格的な登山に挑む部員がほとんどで、入部以降に合宿などを通してトレーニングを重ねる。そして、経験を積んで国内外のさまざまな山へと挑んでいくのが伝統だ。だからこそ、前述したマッキンリーへの登頂は大きな意味をもつのである。

明治にはサークルまで含めると、登山を目的とする団体が複数存在するが、山岳部最大の特徴は〝雪山〟に登ること。きびしさという点では一般的な登山とは段違いで、それほど真剣に山と向き合っていることの証明でもある。近年では女子部員も増えているそうで、これからの日本の登山史に新たなページが書き加えられるかもしれない。

創部から100年近い歴史をもつだけに、これまでに多くの有名OBを輩出してきた。その筆頭に挙げられるのが、世界的な登山家、冒険家で国民栄誉賞を受賞した植村直己《うえむらなおみ》だろう。植村は1960（昭和35）年に明治の農学部へと入学。同時に少年時代から登山を愛好していたこともあり、山岳部へと入部を果たす。国内の山々を登り、のちの功績の礎《いしずえ》を築いていった。卒業後は海外へと目を移し、キリマンジャロなど世界的な高峰の単独登頂に成功。そのなかにはマッキンリーも含まれ、1984（昭和59）年2月に同山の冬期単独登頂に成功した直後に消息不明となり、帰らぬ人となった。また、植村が消息を絶ったあと、明治山岳部は二度にわたって捜索にあたり、いくつかの遺品を発見している。

OB組織が整っていることも明治山岳部の特徴だろう。「炉辺会《ろばたかい》」という名の同OB会は、卒業生でチームを組み、次々と難山に挑んでいる。8000メートル峰8座の登頂に成功した加藤慶信《かとうよしのぶ》も、2000（平成12）年に入学した同部のOBのひとり。卒業後は「炉辺会」のメンバーとして、二度のエベレスト登頂に成功している。

馬術部

向かうところ敵なしの常勝軍団。競馬の世界でも〝人馬一体〟？

馬術といえば、優雅なスポーツというイメージ。ヨーロッパが起源で、燕尾服を着た選手が馬を操り、障害をクリアしながら、その技術を競い合う。どこか〝お金のかかるスポーツ〟という印象もあり、無骨な気風の明治大学とは合わないように感じられるかもしれないが、明治は大学馬術界にその名を馳《は》せる雄である。

馬術には総合馬術という種目があり、これは一頭の馬がクロスカントリーなども含めた3種目を数日かけて行なうもの。とくに馬には心身ともにスタミナが求められる過酷な競技である。そのため、我慢強さやタフさを評価されることが多い明大生と同様に、馬にもタフさが求められる。

騎手と馬の呼吸が合い、鮮やかな演目を見せることを〝人馬一体〟という言葉で表現するが、明治馬術部はまさに人馬一体となり、輝かしい歴史を築いてきた常勝軍団である。その成績を見れば、明治の馬術部の強さを知ることができるだろう。

東京六大学大会では30年以上連続で優勝を達成。また、学生日本一を決めるインカレでは、２０１１（平成23）年までに17連覇を果たすなど、向かうところ敵なしの圧倒的な強さを誇った。近年は、優勝から遠ざかることも多くなったが、覇権奪回を目指し、現役部員たちは奮闘中だ。

　これだけの歴史ある名門だけに、ＯＢは卒業後にそれぞれの道で活躍を見せている。布施《ふせ》勝《まさる》が１９９６（平成８）年のアトランタ、２０００（平成12）年のシドニーと２大会連続で五輪に出場。２０１２（平成24）年のロンドン五輪には佐藤賢希《さとうけんき》、大岩義明《おおいわよしあき》、弓《ゆみ》良《ら》隆行《たかゆき》と馬術日本代表８選手中３人が明治の出身者だった。大岩は北京五輪に続く２大会連続出場であり、馬術部出身者は、五輪日本代表においてたしかな存在感を示している。

　調教師の世界でもＯＢたちは名を馳せる。現在、日本中央競馬会（ＪＲＡ）の調教師であり、コンスタントに勝てる馬を輩出している久保田貴士《くぼたたかし》は明治馬術部出身。在学中は、全日本学生選手権手権で大会３連覇を達成するなど名選手だった。さらに、２０１４（平成26）年現在、ＧＩを通算20勝している競馬界のスター騎手のひとり、池添謙一《いけぞえけんいち》の実弟・池添学《まなぶ》もＯＢ。在学中は主将を務め、現在は調教助手を務めている。

　明治と馬の相性がよほどいいのだろうか、競馬評論家との縁も不思議と深い。

　著名な競馬予想家の井崎脩五郎《いざきしゅうごろう》は、卒業はしていないが商学部。井崎を師と仰ぐフリー競馬記者の辻三蔵《つじさんぞう》は卒業生だ。競馬予想の世界でも〝人馬一体〟といったところだろうか。

マイナースポーツ

相撲部は雅山らの人気力士を輩出。プロボクサーを生んだ拳法部

野球やラグビー、箱根駅伝などのスポーツに注目が集まる明治大学。しかし、目立たなくとも、その世界では強豪として知られる運動部がいくつもある。いわゆる〝マイナースポーツ〟に目を向けると、明治の体育会運動部がもつ奥深さが垣間見えてくる。

〝プロ養成所機関〟となっているのは、相撲部。1905（明治38）年の創部で、全国学生選手権を制すること六度、4人の学生横綱を輩出してきた名門である。東関脇まで上り詰めた栃乃和歌《とちのわか》（本名・綛田清隆《かせだきよたか》）は在学中、「明治に綛田あり」と恐れられた。イケメン力士として人気の高かった元小結・栃乃花《とちのはな》（本名・谷地仁《やちひとし》）も同部の出身。また、「20世紀最後の怪物」と呼ばれた、元大関の雅山《みやびやま》（本名・竹内雅人《たけうちまさと》）は3年で中退して角界入り。在学中は東日本、全日本選抜と個人で2冠を達成するなど圧倒的な強さを見せていた。

意外性という意味では、拳法部が挙げられる。拳法とは面やグローブを着用し、打撃や投げを組み合わせて戦う日本発祥の格闘技。明治は現在までインカレ2連覇中だが、OBにはなんとプロボクサーが生まれている。主将を務めた尾川堅一《おがわけんいち》は全日本新人王に輝き、

マイナースポーツの強豪部

運動部名	創部年	活躍
剣道部	1905年	全日本優勝経験のある古豪。全日本選手権三度優勝の内村良一がOB。
弓道部	1908年	創部100年以上。昭和30年代までは「常勝の明治」と呼ばれた。
準硬式野球部	1934年	ボールが異なる以外は硬式と同じ。全日本選手権優勝の経験あり。
レスリング部	1934年	宗村宗二、柳田英明とふたりの五輪金メダリストを輩出した名門。
自転車部	1985年	篠崎新純、石井寛子など女子競輪選手となったOBがいる。

剣道や弓道など日本古来の武道に勤しむ部活動はやはり歴史が古い。そのほか、明治運動部にはアーチェリー部、航空部、自動車などがある。

２０１４（平成26）年現在14戦13勝（11ＫＯ）１敗と好成績を残している。２００１（平成13）年のインカレ優勝メンバーである中《なか》林《ばやし》敬雄《ひろお》も、名門のヨネクラジムからプロデビュー。ともに打撃系の格闘技だけに、相性がよいのかもしれない。

　どれだけ重い重量を挙げられるかを競うウエイトリフティングも、明治は強豪のひとつだ。１９５２（昭和27）年の創部。およそ60年におよぶ歴史のなかで九度のインカレ制覇を達成、９人のオリンピアンを輩出した。また、古豪のホッケー部は、これまでに33人の五輪代表を輩出。自身も１９６８（昭和43）年のメキシコ五輪に選手として出場した安田善治郎《やすだぜんじろう》は、アテネ、ロンドンと二度にわたり女子代表監督を務めた。

セミナーハウス

環境が整った〝合宿の聖地〟。運動部員たちはここで腕を磨く！

体育会に所属する各運動部は、少しでもよい成績を残すために、日々、懸命にトレーニングに取り組んでいる。ただし、そうはいっても大学生。普段は大学にも行かなければならないし、時には繁華街の誘惑に負けそうになることもあるだろう。

そうした課題をクリアにしてくれるのが、大学が運営するセミナーハウスだ。

明治大学が運営するセミナーハウスは、長野県上田市の菅平《すがだいら》、山梨県南都留《みなみつる》郡の山中、山梨県北杜《ほくと》市高根町の清里《きよさと》、福島県耶麻《やま》郡北塩原《きたしおばら》村の桧原《ひばら》湖、千葉県千葉市緑区の誉田《ほんだ》寮と計5つ。山中と清里のセミナーハウスはゼミ合宿等にもよく利用されている。

対して菅平、桧原湖、誉田寮の3つはスポーツ施設が充実。いずれも人里離れた閑静な場所にあり、トレーニングへの集中を妨げる店舗もほとんどない。多くの部やサークルが夏季や冬季の長期休暇期間を利用して合宿を組み、チーム強化に励んでいる。

なかでも、おもにラグビー部が夏合宿に利用する菅平セミナーハウスは、2012（平成24）年にオープンしたばかりの新しい施設だ。長野新幹線の停車駅である上田駅からバスで約1時間。自然豊かな場所に明治最大規模の合宿施設がある。

もともと菅平は、日本ラグビーにおける合宿のメッカ。標高1400メートル前後の高原に、ラグビーグラウンドや総合グラウンドが無数にあり、練習に適した場所となっている。秋からシーズンが本格化するラグビーは、夏の時期に大学、高校、社会人を問わず、さまざまなカテゴリーのチームが菅平に集結するのだ。

明治のラグビー部は、2014（平成26）年の夏合宿を菅平セミナーハウスで行なった。期間は8月12日から31日までの約3週間。この間、帝京大学や大東文化大学、立命館大学などの強豪を相手に12の練習試合に挑んだが、うち4試合をセミナーハウスが管理、運営するグラウンドで実施した。合宿所からグラウンドまでの距離も近いため、移動のストレスも少なく、例年以上に良質なトレーニングを行なうことができたに違いない。

誉田寮もまた、スポーツ施設が充実したセミナーハウスだ。野球場、サッカー場、バレーコートに加えて、テニスコートは6面を有し、運動部には最適の合宿施設である。千葉県千葉市緑区にあり、立地のよさも際立っている。

一方、合宿において独自路線を歩むのが山岳部だ。年間で5～6回、合宿をするのが慣例となっている同部だが、当然すべて山へと向かう。とくに、夏合宿と冬山決算合宿はいずれも2週間かけて行なわれ、南アルプスでの縦走や真冬の雪山に挑んでいる。

新聞部

日本最古の学生スポーツ新聞。新聞部なのに合宿があるの？

明治大学の体育会運動部の活躍を伝える、学生スポーツ新聞「明大スポーツ」を発行している新聞部。１９５３（昭和28）年に創部され、学生や学内関係者から「明スポ」の愛称で親しまれている。明スポは学生スポーツ紙として最古の歴史を誇り、早稲田大学や慶應義塾大学、さらに関西圏の大学が後に続き、スポーツ新聞の発行を始めた。２０１４（平成26）年には「東西9大学新聞コンテスト」で最優秀賞を受賞するなど、歴史だけでなく実力も兼ね備えている。

明治の体育会運動部すべてに担当記者が就き、取材を敢行。原稿の執筆や紙面に使用する写真の選択、紙面レイアウト作業と、一般のスポーツ紙と変わらない工程を経て、新聞を作成している。スポーツ以外にも、学内外を問わず話題となっているテーマやニュースを扱うこともあり、発行後はおもに学内の各キャンパスの前で無料配布される。

ちなみに、最終的なレイアウト作業と印刷は日刊スポーツ印刷社で行なわれる。

時代によって年間の発行回数は異なるが、おもなものに、入学式の時期に発行する新入生歓迎号、3月の卒業式に合わせて発行される卒業記念号、明治で最も人気の高いラグビー明早戦を特集・展望する特別号などがある。

とくにメンバー予想やゲームの展望、注目選手の原稿などが掲載されたラグビー明早戦の特集号は人気が高く、明早戦当日には会場となる国立競技場の周囲や各入場ゲートで数万部が無料配布される。部員総出で配布作業にあたるのだが、試合直前の観衆が押し寄せる時間帯には新聞が飛ぶように配られ、同様の作業にあたる「早稲田スポーツ」とともに、ラグビー明早戦のひとつの風物詩となっている。また、明スポでは一般に使われる早明戦ではなく、明治を早稲田よりも先に表記する〝明早戦〟と書くことが慣例となっており、こうした点にも明治大学のスポーツ新聞ならではの誇りやこだわりが見え隠れする。

さらには、年に数回、大きなトピックスを扱う号外が発行されることもある。近年では、2013（平成25）年の秋に野球部が六大学連覇を果たした際に発行。一昨年には、当時、野球部に所属していた上本崇司《うえもとたかし》のドラフト指名（広島カープ）を伝える号外が発行された。

文系の部活動ながら年2回、春と夏の長期休暇を利用して4日から1週間程度の合宿が組まれることも特徴のひとつ。長時間におよぶ会議や課題に取り組む時間、スポーツ大会などがタイムスケジュールに隙間なく組み込まれ、新聞制作が体力勝負であることを新入部員たちは思い知らされるという。

part4

各界のスターを輩出するOB・OG

政治家

明治大学サークルで素養を磨いた首相経験者の三木武夫と村山富市

伊藤博文《いとうひろぶみ》以来、日本には63人の内閣総理大臣が誕生して（２０１４年12月現在）、うち２名は明治大学出身だ。大学から名誉博士の学位を贈られた三木武夫《みきたけお》と村山富市《むらやまとみいち》である。

第66代の内閣総理大臣を務めた三木は、徳島県出身。肥料商を営む家に生まれた。

１９２６（大正15・昭和元）年に明治大学専門部の商科に入学。徳島県立商業学校時代から弁論部に籍を置き、熱のこもった弁論で活躍してきた三木は、同郷の先輩の誘いもあって雄弁部に所属する。１８９０（明治23）年に創部され、現在まで１２０年以上の歴史を誇る雄弁部は、三木をはじめ多士済々な政治家を生み出してきた。明治の創立者のひとりである岸本辰雄《きしもとたつお》が初代の顧問を務めている。

のちに雄弁部のキャプテンとなる三木は、全国各地で演説活動を行ない、専門部を卒業。１９２９（昭和４）年に法学部へと再入学し、雄弁部での活動を継続した。その行動範囲は大きく広がり、アメリカでは約1年にわたる遊説旅行を敢行。さらには、イギリスやドイツなどのヨーロッパへも足を延ばし、世界恐慌や共産主義の実態を目の当たりにする。

こうした経験が、のちの政治活動において大きな財産となったことは想像に難《かた》くない。

卒業後、30歳で衆議院議員総選挙に当選。海外の政情や経済事情にくわしく、また雄弁部時代に築いた人脈もあり、順調に出世街道を歩んでいく。経済企画庁長官や外務大臣、副総理などを歴任した三木は1974（昭和49）年、内閣総理大臣に就任。〝金権政治〟是正のための政治資金規正法改正、福祉を含めた国民の生活の向上などに尽力した。

一方、大分県出身の村山は上京後に働きながら大学合格を目指し、1943（昭和18）年に明治大学専門部政治経済学科夜間部に入学。その後、仕事をやめて昼間部へと籍を移した。在学中は哲学研究を目的とする「駿河台哲学研究会（駿哲会《すんてつかい》）」に身を置き、議論に没頭する生活を送っていたという。しかし、戦況の悪化もあって、学徒出陣により陸軍に入隊。敗戦後に復学し、1946（昭和21）年に大学を卒業している。

その後、大分県議会議員などを経て、1973（昭和48）年に衆議院議員選挙に当選。年金や福祉などの充実を目指す社会党に属し、政治活動に励んだ。そして、1994（平成6）年、社会党委員長を務めていた村山は連立政権で内閣総理大臣に就任。およそ半世紀ぶりとなる社会党首班内閣のトップとなった。オウム事件や阪神・淡路大震災への対応、日本の過去のアジア侵略を謝罪する〝村山談話〟の発表など、首相在任中の政治活動は多くの日本人にとって記憶に残るものとなっている。1996（平成8）年に退任し、

2000（平成12）年に政界を引退。現在は明治大学校友会の名誉会長に就任している。

首相ばかりでなく、衆議院議長もふたり輩出している。衆議院議長とはその名のとおり、議会におけるトップの立場であり、厳格さと柔軟性が求められるむずかしい役職だ。

ひとりは、のちに京都市長にもなった森田茂《もりたしげる》だ。1893（明治26）年に明治法律学校へ入学するも、すぐさま弁護士試験に合格したため、翌年に退学。その後、高知県議会議員や京都市議会議員を務め、1927（昭和2）年に衆議院議長に就任した。

「義理と人情こそ政治」という独特の政治観をもち、のちに自民党副総裁にまで登りつめる大野《おおの》伴睦《ばんぼく》も政治経済学部の出身だ。ただし、こちらも森田と同じく中退組である。1952（昭和27）年から2期連続で衆議院議長を務めた。

ともに中退組だが、議長は議会が荒れた際、強引にでも統制を取らねばならない立場だけに、目的や事情によってすぐさま決断できる人物だったといえるかもしれない。

さらには、韓国および北朝鮮の政治史に残る大人物も明治の卒業生。1948（昭和23）年の北朝鮮建国に際して最高人民会議の議長となった許憲《ホホン》、権威主義の強かった時代の韓国において最大野党の総裁となった李敏雨《イミヌ》は、ともに法学部の出身である。

ちなみに、2014（平成26）年12月現在の明治出身の国会議員は、衆参合わせて14名（中退含む）がいる。

作曲家・歌手

昭和歌謡の歴史をつむいだ大作曲家、大作詞家たち

日本の昭和歌謡の黄金期には、明治大学出身の大御所と呼ばれる作曲家や作詞家が、大きな活躍を見せた。

まず、作曲の大家はなんといっても古賀政男《こがまさお》だ。1923（大正12）年に入学後、現在では名門として知られるマンドリン倶楽部の創設にかかわり、音楽活動に没頭。1929（昭和4）年に商学部を卒業後、日本コロムビア専属の作家として曲づくりに勤《いそ》しんだ。

1978（昭和53）年に亡くなるまで、およそ4000曲を創作。藤山一郎《ふじやまいちろう》の『丘を越えて』『東京ラプソディ』、霧島昇《きりしまのぼる》の『誰か故郷を想わざる』、近江俊郎《おうみとしろう》の『湯の町エレジー』など、次々とヒット作を発表していった。

なかでも、女性初となる国民栄誉賞を受賞した昭和の歌姫、美空ひばりへの提供曲で大ヒットを連発。『柔《やわら》』は190万枚、『悲しい酒』は150万枚近いリリースとなった。これらの功績が称えられ、死去した直後に国民栄誉賞を贈られている。

古賀に続き、明治出身者として日本歌謡界の黄金期を支えたのが、作詞家の阿久悠《あくゆう》であ

明治大学出身の著名な音楽関係者

名前	学部	活躍
三橋美智也《みはしみちや》	中退	1億枚以上の総売上枚数を誇る、昭和を代表する民謡・演歌歌手。
あがた森魚《もりお》	中退	『赤色エレジー』のヒットで知られるフォークシンガー。
今井千尋《ちひろ》	政治経済学部	『ラストチャンス』がヒットした「Something Else」の元メンバー。
山崎直樹	中退	アップフロントグループ会長。「モーニング娘。」などを売り出した。
鹿野淳《しかのあつし》	政治経済学部	音楽雑誌『MUSICA』を創刊した音楽ジャーナリスト。

昭和に絶大な人気を博した三橋は『紅白歌合戦』に計14回出場。歌手ばかりでなく、音楽プロデューサーやジャーナリストなども輩出している。

る。本名は深田公之《ふかだひろゆき》。1959（昭和34）年の文学部文学科日本文学専攻入学後は、音楽や映画、文学、大衆的な雑誌など、あらゆる文化に触れて時代の空気を感じ取っていた。この経験が、阿久の作詞家としての人生の大きなバックボーンとなったのかもしれない。

卒業後、広告会社勤務、放送作家活動を経て作詞家デビュー。以降、尾崎紀世彦《おざききよひこ》の『また逢う日まで』、沢田研二《さわだけんじ》の『勝手にしやがれ』、ピンク・レディーの『UFO』などで五度の日本レコード大賞を受賞した。同時に同大賞の作詞賞を七度、日本作詞大賞を八度受賞。いずれも現在まで同賞の最多記録であり、生涯で5000曲以上の作詞に携わった。2007（平成19）年に尿管がんにより死去。同年に旭日小綬章を授与された。

続いて、昭和歌謡を彩ったのは、作曲家や歌手として活躍する宇崎竜童《うざきりゅうどう》だ。明治大学付属中野高校から法学部へと進学。卒業後の１９７３（昭和48）年、「ダウン・タウン・ブギウギ・バンド」でデビュー。『港のヨーコ・ヨコハマ・ヨコスカ』などのヒット曲で一世を風靡した。作詞家で妻の阿木燿子《あきようこ》とは在学中に軽音楽部で出会い、１９７１（昭和46）年に結婚。ちなみに、同曲は宇崎が作曲、阿木が作詞を手がけている。

宇崎と阿木の組み合わせはゴールデンコンビと呼ばれ、数多《あまた》の楽曲を製作。とくに山口《やまぐち》百恵《ももえ》への提供曲では次々とヒットを生み出し、『横須賀ストーリー』『プレイバックＰａｒｔ２』『ロックンロール・ウィドウ』などがヒットチャートをにぎわせた。阿木は『横須賀ストーリー』で日本レコード大賞の作詞賞を受賞している。

さらに、中野キャンパスが開校された２０１３（平成25）年は、宇崎と阿木の芸能生活40周年にあたり、中野サンプラザで夫妻による特別ライブとトークイベントが催された。

１９９３（平成５）年に『島唄』が大ヒットした、「ＴＨＥ ＢＯＯＭ」のボーカル宮沢《みやざわ》和史《かずふみ》は経営学部の卒業生。学生時代は教室の隅でノートに詞を書いていたという。また、山下達郎《やましたたつろう》も法学部に在籍。しかし、１９７０年代からハイクオリティーな楽曲を発表し続けるミュージシャンには明治の水が合わなかったようで、わずか数カ月で中退している。

劇作家・俳優

映画界に名監督を次々と輩出。男優は中退組、女優は卒業組が大成？

青年期の鬱屈した思いを芝居にぶつける若者は古今東西少なくないが、明治大学もその例に漏れない。代表的な存在といえるのが、1960年代から70年代にかけて、破天荒かつ前衛的な芝居を次々と発表した劇作家の唐十郎《からじゅうろう》だろう。文学部演劇科を卒業後、劇団「状況劇場」を旗揚げ。当時、隆盛を極めていたアングラ演劇の担い手とメディアからもてはやされた。同劇団からはのちに名声を得る根津甚八《ねづじんぱち》や小林薫《こばやしかおる》などを輩出している。2012（平成24）年には、文学部の客員教授として母校・明治で初めて講義を行なった。

映画の世界にも名監督と呼ばれるOBは多い。女の情念を描いた作品で高い評価を得た五社英雄《ごしゃひでお》もそのひとり。ドラマディレクターだった五社は『三匹の侍』などで好評を博し、のちに映画監督として独立。『極道の妻《おんな》たち』『吉原炎上』などの名作を世に残した。

近年、高い評価を得ている明治出身の映画監督には、中島哲也《なかしまてつや》と佐々部清《ささべきよし》がいる。中島はCMディレクター出身。『嫌われ松子の一生』や『パコと魔法の絵本』など、独特の色彩感覚やユーモアを交えた作品で名をあげた。2010（平成22）年に公開された『告白』

では日本アカデミー賞の最優秀監督賞と最優秀脚本賞を受賞している。文学部演劇科出身の佐々部は、崔洋一《さいよういち》らの助監督としてキャリアを積んだあとに監督デビュー。3作目の監督作品となった『半落ち』では、日本アカデミー賞の最優秀作品賞を獲得した。

俳優、女優の世界でも作家や監督同様に個性派がそろう。2014（平成26）年に亡くなった名優・高倉健《たかくらけん》も明治の卒業生。『網走《あばしり》番外地』シリーズや『鉄道員《ぽっぽや》』など大ヒット作で次々と主演を務め、日本アカデミー賞において四度の最優秀主演男優賞を受賞。なんと在学中は、1年間だけ相撲部のマネージャーをしていたという。刑事ドラマ『Gメン'75』で一躍、人気俳優となった原田大二郎《はらだだいじろう》は法学部出身。近年は明治で特別招聘教授として教鞭をとっている。

また、日活黄金時代の俳優のひとりである小林旭《こばやしあきら》、『釣りバカ日誌シリーズ』の西田敏《にしだとし》行《ゆき》、北野武作品のキーパーソンとして名高い大杉漣《おおすぎれん》は、いずれも中退組だ。

女優にも人気と実力を備えた演技派が多い。昭和の大スターである沢田研二を夫にもち、『天城越え』でモントリオール世界映画祭の主演女優賞に輝いた田中裕子。子役から活躍し、人気ドラマ『花より男子』でヒロインを務めた井上真央《いのうえまお》。『受験のシンデレラ』で2007（平成19）年のモナコ国際映画祭最優秀主演女優賞を獲得した寺島咲《てらしまさき》は、いずれも明治の卒業生であり、文学部の出身である。

作家

意外なほど少ない文学賞作家。前都知事の猪瀬直樹も明治出身

おもに３、４年生が通う駿河台キャンパスは、「本の街」として知られる神保町にほど近く、知的財産には大変恵まれているといえるだろう。古書店のみならず、三省堂などの大型書店も充実し、大手出版社の本社も密集している。このことから、文学賞を獲得した明治出身の作家は多数いると思われるかもしれないが、残念ながら現実はそうではない。

芥川賞と直木賞の受賞者数は、トップ３の早稲田大学、東京大学、慶應義塾大学におよばず、〝地の利〟を生かしきれていないのではないだろうか。

明治出身の芥川賞受賞者は、２０１４（平成26）年現在で４名。『佐川君からの手紙』で受賞した日本のアングラ演劇の旗手として知られる唐十郎、『山塔《さんとう》』の斯波四郎《しばしろう》、『喪神』の五味康祐《ごみやすすけ》、１９９２（平成４）年に『運転士』で選出された藤原智美《ふじわらともみ》である。つまり、現在にいたるまで20年以上、明治出身者は同賞と縁遠くなっている。

一方の直木賞受賞者には、名作を生み出し、人気作家と呼ばれる人物が多い。

文学部演劇学科卒業の天童荒太《てんどうあらた》は、人間の死生観に深く切り込んだ『悼《いた》む人』で２００

9（平成21）年に受賞。児童養護施設出身の3人の運命を描いた『永遠の仔《こ》』は100万部を超えるベストセラーとなり、のちにドラマ化されるほどの人気作品となった。

1987（昭和62）年、大人の恋愛を大胆かつ繊細な筆致で描いた『ソウル・ミュージック・ラバーズ・オンリー』で受賞した山田詠美は文学部を中退。大学時代は漫画研究会に所属しており、同研究会の先輩である、いしかわじゅんの紹介もあって、デビューは漫画家だった。また、女子高生の恋に揺れる心を描き、1989（平成元）年に出版された『放課後の音符』は、のちの女性作家たちに多大な影響を与えたことで知られている。

過去にさかのぼれば、1940年代に『刺青《いれずみ》』と『面』で二度の直木賞に輝いた富田常雄《とみたつねお》も明治出身。商学部を卒業した富田は明治時代の柔術家をテーマにした『姿三四郎』で人気を博すなど、時の流行作家となった人物でもある。

ちなみに、芥川賞と直木賞を主宰する文藝春秋社を創業したのは、明治の法学部を中退した菊池寛《きくちかん》。自身も『父帰る』や『真珠夫人』などの名作を書き残した。

前東京都知事であり、西武グループと皇族の関係に迫った『ミカドの肖像』で大宅壮一《おおやそういち》ノンフィクション賞を受賞した猪瀬直樹《いのせなおき》も、じつは明治出身である。ただし、大学は信州大学人文学部、卒業後に明治の大学院へと進学。政治経済学研究科政治学専攻博士前期課程を修了している。

芸術家

人間国宝に、ピューリッツァー賞。明治は芸術の分野にも長けている

明治には独立した芸術系の学部はないが、こうした分野にも名高い人物は存在する。

陶芸の世界からはふたりの人間国宝が生まれている。1996（平成8）年に人間国宝に認定された藤原雄《ふじわらゆう》と、1993（平成5）年に「練上手《ねりあげで》」と呼ばれる技法が評価を受け、重要無形文化財保持者に認定された松井康成《まついこうせい》である。ともに文学部出身だ。

もともと視力が極端に悪かった藤原は、卒業後に雑誌編集に従事したのち、本格的に陶芸の道へと進んだ。視力のハンデが常人にはない感性を生み出し、作品に投影されていたという評価を受ける。1985（昭和60）年には紺綬褒章を受章している。

松井は大学卒業後に東洋陶磁の研究に没頭。異なる色の土を組み合わせて模様をつくり上げていく「練上手」という手法で、鮮やかな作品を次々と生み出していった。1988（昭和63）年に紫綬褒章を受章。なお、駿河台キャンパスのリバティタワー1階エントランスには、同氏が制作にあたった陶壁画『人間賛歌』が展示されている。

優れた報道や文学作品などに贈られ、世界的にも大変権威のあるピューリッツァー賞に

明治大学出身の著名な芸術家

名前	卒業学部	活躍
石津謙介《いしづけんすけ》	商科専門部	さまざまなファッション用語を日本に定着させた偉大なデザイナー。
中村英夫《なかむらひでお》	政治経済学部	漫画の挿絵で多くの名作を生み出し、現在は洋画家として活躍。
残間里江子《ざんまりえこ》	短期大学	アナウンサー、女性誌記者を経て、現在はイベントプロデューサー。
関口照生《せきぐちてるお》	文学部	女優などの写真集を多く手がけるカメラマン。竹下景子を妻にもつ。
西郷真理子《さいごうまりこ》	工学部	新しいまちづくりを提唱、支援する都市計画の専門家。

ファッション、絵画、イベントプロデュース、写真、まちづくりなど、多彩な分野において、第一線で活躍する明治OB・OG。自由な校風の賜物か。

輝いた日本人が、明治の出身者にいる。アメリカの通信社であるUPIにカメラマンとして勤めていた酒井淑夫《さかいとしお》は、1968（昭和43）年、その前年に出版した『より良きころの夢』で、ピューリッツァー賞の特集写真部門を受賞。第二次インドシナ戦争において、大雨のなかで休む黒人兵と見張りをする白人兵を撮影した一枚が、戦争のやりきれなさを見事に現わした作品として高い評価を受けた。

また、CM制作の世界でも功績を残した人物は多い。日本初の広告制作専門制作会社ライトパブリシティの設立にかかわった信田富夫《のぶたとみお》、無印良品の名づけ親となったコピーライターの日暮真三《ひぐらししんぞう》なども明治の出身である。

芸人

たけしは特別認定で卒業！落研が生み出した数々のスターたち

お笑い芸人、映画監督として名を馳せる、ビートたけし（本名・北野武）に、２００４（平成16）年9月、明治大学から特別卒業認定証が贈られた。

たけしは母が教育熱心だったこともあって、１９６５（昭和40）年に工学部機械工学科に入学。ところが、ジャズや演劇など芸能の道を志し、大学を除籍される。すでに１０６単位まで取得していたにもかかわらず、芸人見習いを始めたのである。その後、お笑いや映画の道で数々の功績を残していった、たけしに対して、明治は冒頭の特別卒業認定証を贈呈。これは大学に4年以上在籍し、１００単位以上を取得しながら、何らかの特別な理由によって通学できなくなった者に対する特別制度で、たけしは同時に特別功労賞も受賞し、事実上の大卒となった。

大学側が特別卒業認定証を与えたおもな理由は次のとおり。たけしが大学に通っていた１９６０年代後半は学生運動の広がりによって授業が円滑に行なわれなかったこと。5年間にわたって母の手により学費が支払われ、１０６単位を取得していたこと。タレント、映画監督として多くの人が周知する実績、功績をあげたことが認められたという。

工学部出身のたけしが、数学的手法を映画表現に取り入れたことは広く知られている。3人が銃殺されるシーンの場合、銃に撃たれて絶命する場面をドラマティックに見せるのではなく、先に撃たれて倒れているシーンを3人分見せる。その後、スナイパーが煙の出ている銃を持っている場面を挿入すれば、まるで数学の公式のように〝3人を殺した〟という事実を見せられるというわけだ。たけしは元来、数学などの理系科目が得意であり、こうした手法を取り入れることで北野映画独特の乾きや冷たさが表現されるのである。

ちなみに、たけしの弟子にあたる漫才コンビ・浅草キッドの水道橋博士《すいどうばしはかせ》も経営学部に入学している。たけしに憧れ、たけしと同じ道を歩もうと考え、明治へと進学したそうだ。しかし、4日しか通わず、単位を取得しないままに中退している。

明治のお笑いを語るうえで欠かせないのが、落語研究会こと、通称「落研」である。1961（昭和36）年に創設され、数々の名だたる落語家やお笑い芸人を輩出してきた。

『いかすバンド天国』や『THE夜《よる》もヒッパレ』『世界ウルルン滞在記』など、数々の人気番組の司会を任され、劇団スーパー・エキセントリック・シアターの座長を務める三宅《みやけ》裕司《ゆうじ》。その2年後輩にあたり、広告代理店を退職して、立川談志《たてかわだんし》の弟子となった立川志《し》の輔《すけ》。コントグループ「コント赤信号」で一斉を風靡し、数々の人気番組に出演、現在は若手芸人の育成も手がける渡辺正行《わたなべまさゆき》など、そうそうたるメンツがそろう。

彼らにはふたつの共通点がある。ひとつは経営学部の出身であること。もうひとつは落研の名跡である高座名「紫紺亭志い朝《しこんていしちょう》」を引き継いだ点にある。年齢の近い3人は四代目の三宅から志の輔、渡辺という順番で襲名。ちなみに、「紫紺」とは言わずと知れた明治カラーである紫紺、「志い朝」は「C調」と「志ん朝」の語呂合わせである。

3人のなかで唯一落語の道へと進んだ志の輔の落語に対する評価は高く、文化庁芸術祭賞や芸術選奨文部科学大臣賞など受賞歴は豊富だ。NHKの人気番組である『ためしてガッテン』の司会を務め、お茶の間の人気と好感度も高いものがある。

平成以降に活躍した明治出身の芸人も少なくない。女優の田中美佐子《たなかみさこ》の夫で東貴博《あずまたかひろ》と「Take2」を組む深沢邦之《ふかさわくにゆき》は商学部出身だ。「オリエンタルラジオ」のツッコミ担当である藤森慎吾《ふじもりしんご》は政治経済学部在学中に「武勇伝」のネタでブレイク。藤森は2011（平成23）年ごろに、チャラ男のキャラで人気を博すなど、明大生の気風が変わりつつあることを、その芸風で証明したのかもしれない。

江頭2：50が所属する大川興業の代表・大川豊《おおかわゆたか》も商学部の卒業生。『グゥ〜』のネタで一躍人気者となったエド・はるみは文学部演劇学科の出身。また、芸人ではないが芸能レポーターの前田忠明《まえだちゅうめい》もエドと同じく演劇科を卒業している。

アナウンサー

福留、安住と意外に多い名司会者。スポーツ実況の名手も多数

明治大学からは毎年のようにメディア系企業へと卒業生が入社している。なかでも、意外なほどに存在感を示しているのがアナウンサーだ。全国的に名前とキャラクターが知られた人気者が少なくない。

主婦層を中心に抜群の人気を誇るのが、ＴＢＳアナウンサーの安住《あずみ》紳一郎《しんいちろう》だ。１９９７（平成９）年に入社。さわやかなルックスと落ち着いた淀みない語り口で、『ぴったんこカン・カン』や『中居正広の金曜日のスマたちへ』などでレギュラーを務める。アナウンサーとしての仕事ばかりでなく、その人気から他番組のゲストに呼ばれることもある。

文学部出身の安住は、もともと高校の教員希望。赴任先も決まっていたが、ひょんなことからアナウンサーを志すことになる。そのきっかけとなったのが、のちにベストセラーとなる『声に出して読みたい日本語』の著者で、文学部の教職課程を受けもつ齋藤《さいとう》孝《たかし》教授だ。齋藤教授は学生たちにテーマフリーで話をするように促したが、誰も立候補する者がいない。業を煮やした齋藤は「そんなことじゃ教師になれっこない！」と一喝。そこで安

住が立候補し、およそ40分にわたって、日本語について話をした。これがきっかけで、安住は人前で話すことに快感を覚え、アナウンサーを志したという。

安住はその齋藤と『新・情報７ＤＡＹＳニュースキャスター』で共演中。安住がメインキャスター、齋藤がコメンテーターを務め、時代を越えて師弟の共演が実現した。また、同番組で安住とともにメインキャスターを務めるのが、同じく明治出身のビートたけしだ。

『ズームイン!!朝!』や『アメリカ横断ウルトラクイズ』など、日本テレビの人気番組で総合司会を務めた福留功男《ふくとめのりお》も、明治出身アナウンサーのひとり。2年の浪人を経て、明治に入学。大学時代から日本テレビでアルバイトを続け、入社を果たした。当初は報道記者だったが、トーク力が高く評価されてアナウンサーに転身した変わり種である。

同じ日本テレビで変わり種といえば、２０１１（平成23）年に入社した、サッカー部出身の山本紘之《やまもとひろゆき》がいる。ＦＷとして活躍し、同部が天皇杯でＪ１のモンテディオ山形を破った時のレギュラーでもある。

同じ運動部系でいえば、ＴＢＳの高畑百合子《たかはたゆりこ》。大学時代に自らチアリーディング部を立ち上げて活動するなど実戦派で、入社から10年が過ぎた今でも第一線で活躍中だ。

なお、五輪の名実況で知られ、２０１３（平成25）年に急逝したＮＨＫの石川洋《いしかわひろし》、テレビ東京の中川聡《なかがわさとし》、日本テレビの矢島学《やじままなぶ》なども明治出身である。

野球選手

日本初のフォークボーラーも輩出!? 闘将・星野仙一は意外にも優勝経験なし

東京六大学野球、さらには日本の大学野球の盟主的存在であり続ける明治大学硬式野球部には卒業後にプロ入りし、活躍した選手が数多くいる。

１９４０年代から50年代にプロの世界で活躍した明治出身の伝説的選手が３人いる。「青バットの大下」こと大下弘《おおしたひろし》、日本人選手として初めてフォークボールを投げたとされる杉《すぎ》下茂《したしげる》、大洋ホエールズ（現・横浜ＤｅＮＡ）で通算１９３勝をあげた秋山登《あきやまのぼる》である。

大下は第二次世界大戦の影響により東京六大学野球が中止に追い込まれた時代の選手である。特徴は、なんといっても、そのバット。青く塗装し、「青バットの大下」として抜群の人気を誇った。同時代に、のちに監督となって巨人を驚異の９連覇へと導く川上哲治《かわかみてつはる》が〝赤バット〟で打席に立っていたことも、大下の人気に拍車をかけた。

１９４７（昭和22）年、大下は東急フライヤーズ（現・日本ハムファイターズ）在籍時に、首位打者と本塁打王の二冠を達成。その後も球界を代表する打者としてＭＶＰやベストナインなど数々のタイトルを獲得。歴史に名を残して、１９５９（昭和34）年に引退した。

明治大学野球部出身の著名なプロ野球選手

名前	卒業年度	活躍
平田勝男《ひらたかつお》	1981年	1980年代の阪神の名ショート。2015年から一軍ヘッドコーチを務める。
福王昭仁《ふくおうあきひと》	1985年	左の代打として90年代の巨人で活躍。現在は同チームの二軍コーチ。
野村克則《のむらかつのり》	1995年	父は言わずと知れた野村克也。ヤクルトや阪神など4チームに在籍。
中村豊《なかむらゆたか》	1995年	同年のドラフト1位で日本ハムに入団。その後、阪神へと移籍。
木塚敦志《きづかあつし》	1999年	横浜で11年にわたりプレー。2001年には最優秀中継ぎ投手に輝いた。

明治野球部出身のプロ野球選手は当然これだけにとどまらない。そのほか、現役には今浪隆博（ヤクルト）、岩田慎司（中日）らがいる。

杉下は「打撃の神様」こと川上哲治に、「打ちようがない」と言わせたフォークボールの使い手。日本で初めて、この魔球を繰ったといわれる伝説的名投手である。

大学3年次に当時の技術顧問から「お前は指が長いから、人差し指と中指のあいだにボールを挟んで投げろ」と言われたことが、きっかけ。ただし、大学時代に投げたのは一球だけだったという……。1949（昭和24）年に、中日に入団。フォークボールを勝負どころで巧みに使い、プロ通算215勝を達成。この間に、三度の沢村賞に輝いている。

1試合22奪三振の東京六大学記録をもつ秋山登は、1956（昭和31）年に大洋へと入団。独特のアンダースローからくり出される直球とシュートを武器に、数々のタイトルを獲得。後年は同チームの監督も務めた。

1960年代に目を向ければ、高田繁《たかだしげる》と星野仙一《ほしのせんいち》の名前が挙げられる。

高田は大学球界屈指の外野手として7季連続でベストナインに選出された実力の持ち主。ドラフト1位で巨人入団を果たし、クッションボールの処理の巧さから「壁際の魔術師」と呼ばれた。引退後は日本ハムやヤクルトで監督を歴任。2014（平成26）年現在は横浜のGM（ゼネラル・マネージャー）を務める。

その熱血漢ぶりで〝闘将〟と恐れられた星野も明治出身。大学時代はノーヒットノーランを記録するなど主力投手として活躍したが、優勝経験はない。プロ入り後に在籍した中日では、通算146勝を上げた。引退後は中日、阪神、楽天の3球団で監督を務め、四度のリーグ制覇を達成した。

その後も明治から名選手が誕生している。西武でセーブ王に輝いた鹿取義隆《かとりよしたか》、ヤクルト時代に二度の打点王を獲得した広澤克実《ひろさわかつみ》、福岡ダイエー（現・福岡ソフトバンク）で最多勝に輝いた武田一浩《たけだかずひろ》、中日ドラゴンズで二度の最多勝、のちにメジャーに移籍した川上憲《かわかみけん》伸《しん》などが、プロ野球界に名を残す活躍を見せた。近年では2012（平成24）年の新人王、野村祐輔《のむらゆうすけ》（広島カープ）がいる。また、六大学通算21勝を挙げた山崎福也《やまざきさちや》は、2014（平成26）年ドラフトでオリックス・バファローズから1位指名を受けている。

柔道選手

4人の金メダリストが誕生。小川や吉田などの格闘家も多く輩出

明治大学柔道部の歴史は、五輪メダリストの歴史でもある。創部は1905（明治38）年と、100年を超える歴史があり、各時代に世界的な強豪を輩出してきた。その最初の五輪メダリストとなったのが、中谷雄英《なかたにたけひで》だ。1964（昭和39）年の東京五輪の軽量級で、全試合において一本勝ちをおさめて金メダルを獲得。同大会から五輪種目に導入された柔道競技最初の金メダリストであり、その名を歴史に刻《きざ》んでみせた。

同五輪の無差別級銀メダリストの神永昭夫《かみながあきお》も明治出身。ただし、神永の銀メダルは祝福されなかった。決勝でオランダのアント・ヘーシンクに押さえ込まれ、批判を浴びる。当時の柔道界は現在よりも国技という意識が極めて強く、無差別級こそ柔道という風潮もあったため、銀メダルでは周囲を納得させることができなかったのである。

中谷に続く五輪金メダリストは、1972（昭和47）年のミュンヘン大会軽量級覇者の川口孝夫《かわぐちたかお》である。大学在学中から強さを発揮していた川口は、大学3年次に世界選手権で優勝を果たして、代表の座を獲得。前評判どおりの実力で金メダルを獲得した。

明治大学柔道部出身の著名選手

名前	卒業年度	活躍
曽根康治《そねこうじ》	1952年	無差別級の選手。1958年に東京で行なわれた世界選手権で優勝。
秀島大介《ひでしまだいすけ》	1992年	世界選手権71キロ級に二度出場。金メダルと銅メダルを獲得した。
園田隆二《そのだりゅうじ》	1995年	1993年の世界選手権60キロ級で優勝。ただし五輪出場経験はなし。
矢嵜雄大《やざきゆうた》	2002年	90キロ級の強豪としてアジア大会、アジア選手権で金メダルを獲得。
上川大樹《かわかみだいき》	2011年	在学中の2010年、東京で開かれた世界選手権無差別級で優勝。

100年以上の歴史を誇る名門だけに、世界レベルで結果を残すOBを多数輩出。今後も五輪などの大舞台で活躍する選手の登場に期待がかかる。

日本人選手として初めて無差別級の金メダリストとなった上村春樹《うえむらはるき》も明治の卒業生。大学時代に猛練習を積んで、1975（昭和50）年の世界選手権で優勝。翌年のモントリオール五輪で金メダルを獲得し、悲願を達成した。また、近年まで日本柔道連盟の会長を務めていた。

のちにプロ格闘技の世界でも名を馳せる小川直也《おがわなおや》と吉田秀彦《よしだひでひこ》も、明治出身だ。

現在も、プロレスラーや総合格闘家として活躍する小川は、在学中から世界選手権で優勝を飾るなど、若き才能として注目を浴びる。そして、1992（平成4）年のバルセロナ五輪95キロ超級において銀メダルを獲得。金メダルを期待されながら夢敗れた小川が、畳の上で大の字となった姿は、今でも多くの日本人の脳裏に焼きついている。

小川の2年後輩の吉田も同五輪に出場。78キロ級で金メダルを獲得した。その後は明治柔道部の監督を務めながら現役を続け、2000（平成12）年のシドニー五輪に出場。プロ格闘家を引退した2013（平成25）年、柔道界に現役として復帰している。

女子唯一のメダリストが園田教子《そのだのりこ》（旧姓・阿武《あんの》）だ。世界選手権で四度優勝の阿武は、2004（平成16）年のアテネ五輪78キロ級で金メダルを獲得。2010（平成22）年には、同じ明治出身で、当時、全日本女子代表監督を務めていた園田隆二と結婚した。

阿武と同じアテネ五輪のメダリストで、大間のマグロ漁師の家庭に育った泉浩《いずみひろし》も明治出身。4年次に同五輪90キロ級で銀メダルを獲得。この時キャプテンを務めていた。その後、レスリングに転向したが五輪出場は叶わず、現在は一線から身を引いている。2012（平成24）年のロンドン五輪66キロ級銅メダルの海老沼匡《えびぬままさし》も明治の出身である。

オリンピックに限らず、世界選手権で優勝を成し遂げた選手も多い。俳優の坂口憲二《さかぐちけんじ》の父であり、のちにプロレスラーとして活躍した坂口征二《せいじ》は、1965（昭和40）年のリオデジャネイロ大会で銅メダルを獲得。また、重量級の雄・棟田康幸《むねたやすゆき》は2003（平成15）年の大阪大会の100キロ超級、2007（平成19）年のリオデジャネイロ大会の無差別級で優勝を果たしている。

そのほか

ノーベル賞の小柴さんは明治出身？ 有名漫画家も続々と

「天体物理学とくに宇宙ニュートリノの検出に対するパイオニア的貢献」を発表し、2002（平成14）年にノーベル物理学賞を受賞した小柴昌俊《こしばまさとし》が、じつは明治大学に在籍していたことはあまり知られていない。小柴は1951（昭和26）年に、東京大学理学部物理学科を卒業。その後、東京大学大学院理学系研究科へと進み、アメリカに留学。帰国後は東京大学の助教授（現・准教授）や教授を務めながら研究に没頭したキャリアをもつことから、「ノーベル賞の小柴昌俊＝東大」のイメージが一般的には強い。

しかし、東大に学生として入学する以前、1年間だけ明治に在籍していたことがある。1944（昭和19）年、現在の明治大学理工学部の前身である東京明治工業専門学校に入学。翌年1月に退学しているが、事実、明治に在籍していたのである。

ただし、東京明治工業専門学校は現在でいう予備校の色合いが強く、そこで勉学に励みながら東大を目指したという説が根強い。今も、よりレベルの高い大学の入学するために、別の大学に籍を置きながら受験勉強に勤《いそ》しむ学生が一定数いるが、小柴の明治在籍もそうした類《たぐい》のものだったといわれている。それでも明治は、学問などの分野で多大な功績を残した人物に贈られる名誉博士の学位を、2004（平成16）年、小柴に贈呈。なお、この名誉博士の学位贈呈には、明治出身者であることが条件として規定されていない。

スポーツの世界で意外な人物といえば、パラリンピックの競泳競技のメダリストである秋山里奈《あきやまりな》がいる。生まれながらに全盲というハンデキャップを負っていた秋山だが、水泳の才能に恵まれ、2004（平成16）年のアテネパラリンピック100メートル背泳ぎで、銀メダルを獲得。のちに法学部へと進学し、3年次卒業制度を利用して明治を巣立った。その後、法学部の大学院へと進み、2012（平成24）年のロンドンパラリンピックでは、同種目でついに金メダルを手にする。明治はその功績を称えて、2013（平成25）年に、明治大学特別功労賞を贈呈した。

また、漫画研究会（漫研）出身の漫画家も意外なほど多い。有名どころでは『沈黙の艦隊』や『太陽の黙示録』などの作品で知られる、かわぐちかいじ。サブカル系と呼ばれる分野で名を馳せる、いしかわじゅんも明治の漫研出身。かわぐちは在学中にプロデビュー、一方の石川は卒業後に地元の愛知県豊田市に帰り、トヨタに入社後、再び東京に戻ってデビューを果たしている。ちなみに、漫研の出身ではないが、『宮本から君へ』『ザ・ワールド・イズ・マイン』の作者である新井英樹《あらいひでき》も明治の卒業生だ。

最近の卒業生

美男美女ぞろいのタレントたちが明治のイメージを大きく変えた？

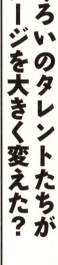

大学の人気のバロメーターとなる受験者数が、日本の大学で上位にランクされている明治大学。２００７（平成19）年度入試において10万人を突破し、２０１０（平成22）年度には、ついに11万人を超え、長年トップを走り続けていた早稲田大学を抜いた。以降は、大学志願者全体の数が減り続けていることもあり、２０１４（平成26）年度の入試では10万人を割ったが首位を堅守。その理由のひとつに、若者に人気の高いタレントが次々に入学を果たしていることがあげられるだろう。

かつての明治には硬派で、どこか野暮ったいというイメージがついてまわったが、大学志願者のあいだで明治への進学はおしゃれなものに変わってきているのかもしれない。

俳優、女優でいえば、向井《むかい》理《おさむ》と北川景子《きたがわけいこ》がその代表的な存在だろう。

幼いころから動物好きで獣医を目指していたという向井は、２００１（平成13）年に農学部生命科学科へ入学。卒業後の２００６（平成18）年に芸能界デビューを果たすと、イケメン俳優として注目を浴びる。２０１０（平成22）年にＮＨＫの朝ドラ『ゲゲゲの女房』

で人気を確固たるものにした。

高校時代からモデルとして活躍し、女子中高生のあいだで絶大な人気を博していた北川は、2006（平成18）年に商学部商学科へ入学。在学中に『太陽と海の教室』で〝月9ヒロイン〟を演じるなど多忙な芸能活動を送りながらも、きっちりと4年で卒業。その後も女優として活躍し続け、明治のイメージアップに大きく貢献した。

アイドルの存在も大きい。2004（平成16）年、自己推薦入試で商学部に入学したジャニーズ所属タレントの山下智久《やましたともひさ》は、入学時点でスーパースターだった。在学中も大ヒットシングルや主演ドラマの出演などに恵まれ、スター街道を歩きながら、2008（平成20）年の秋に卒業。この間に女子の志願者が増加したことは想像に難くない。

その山下と同世代で、かつて同じグループで活動していた「NEWS」の小山慶一郎《こやまけいいちろう》も文学部の卒業生。さらには、「Hey! Say! JUMP」の伊野尾慧《いのおけい》も理工学部建築学科に在籍するなど、明治はジャニーズタレントの進学先として定着しつつあるようだ。

女性アイドルでいえば、2014（平成26）年現在、人気グループ「9nine」のメンバーである川島海荷《かわしまうみか》が現役学生として在籍。子役時代から活躍し、これまで多数の人気ドラマに出演した経歴をもつ。川島以外にも在学中の俳優、女優、モデルなど美形タレントは多く、キャンパスに華を添える存在となっているのかもしれない。

part5

創立130年におよぶ明治大学の歴史

創立者の横顔

日本に近代法の整備を! ボアソナードの薫陶を受けた創立者たち

早稲田大学の大隈重信《おおくましげのぶ》、慶應義塾大学の福澤諭吉《ふくざわゆきち》など、大学は創立者の名前とともに語られることが多い。しかし、明治大学の創立者は、両校と比べるとお世辞にも一般的な知名度が高いとは言えない。明治大学の在校生や卒業生ですら、創立者の名前を知らない人が多いのではないだろうか。それではあまりに寂し過ぎる。本書をきっかけに、大隈、福澤にも劣らない実績と情熱をもった創立者の足跡を知ってもらいたい。

明治大学の前進である「明治法律学校」を創立したのは、岸本辰雄《きしもとたつお》(１８５１〈嘉永《かえい》４〉年－１９１２〈明治45〉年)、宮城浩蔵《みやぎこうぞう》(１８５２〈嘉永５〉年－１８９３〈明治26〉年)、矢代操《やしろみさお》(１８５２－１８９１〈明治24〉年)という若き3人の法律家である。

岸本は鳥取藩(現・鳥取県)出身で、藩士・岸本平次郎の三男として生まれた。宮城は天童《てんどう》藩(現・山形県)の藩医・武田通道の次男として生を受け、その後、同藩士・宮城家の養嗣子《ようしし》となった。第一回衆議院議員選挙に出馬し、当選を果たした人物でもある。矢代は鯖江《さばえ》藩(現・福井県)の出身。藩士・松本伝吾の三男として生まれ、同藩士・矢代家の養嗣子となっている。３人とも禄高《ろくだか》の低い士族の家で育った。

岸本、宮城、矢代はその後、明治政府の司法省法学校に選抜生として入学するため上京した。そこで、フランス人法律家ギュスターヴ・エミール・ボアソナードから指導を受けることになる。

ボアソナードは「日本近代法の父」とも呼ばれる人物で、当時、司法卿《しほうきょう》（司法省長官）だった江藤新平《えとうしんぺい》らの依頼を受けて１８７３（明治６）年に来日し、28年にわたり日本に滞在した。いわゆる「お雇い外国人」のひとりである。

ボアソナードに託された使命は、当時、未整備だった日本の法律制度を確立することにあった。不本意に締結させられた不平等条約の改正を求めていた明治政府にとって、まずは国内の法整備をすることが急務の課題となっていたのである。国会や憲法、近代的な民法や刑法、訴訟法も整備されていない状態では、外国諸国から相手にされなかったのだ。それでは不平等条約を改正することもできない。江藤をはじめ明治時代の俊英たちは、さぞかし苦々しく思っていたことだろう。そこで白羽の矢が立ったのがボアソナードだったというわけである。

その一方で、ボアソナードは日本の次世代を担う法律家の育成にも情熱を注いだ。いくら自分が法制度の基礎を築いても、日本国民にそれを活かせる人材がいなければ意味がな

明治法律学校（のちの明治大学）の創立者

岸本辰雄《きしもとたつお》

〈1851年-1912年〉

現在の鳥取県鳥取市出身。鳥取藩士として戊辰戦争に従軍後、藩の選抜生となり現在の東京大学に入学。司法省明法寮生徒となり、ボアソナードらに師事。仏留学からの帰国後、官職に就く。明治法律学校では初代校長、明治大学への改組後は学長を務めた。

宮城浩蔵《みやぎこうぞう》

〈1852年-1893年〉

現在の山形県天童市出身。医師の家系に生まれ、養子となり宮城姓を名乗る。藩の選抜生となり現在の東京大学に入学。司法省明法寮生徒となり、ボアソナードらに師事する。卒業後は仏留学し、帰国後、官職に就く。明治法律学校では教頭と刑法をおもに担当した。

矢代《やしろ》 操《みさお》

〈1852年-1891年〉

現在の福井県鯖江市出身。藩士の家に生まれ、同じく藩士の矢代家に養子入りする。藩の選抜生となり現在の東京大学に入学。司法省明法寮生徒となり、ボアソナードらに師事する。その後、講法学舎を開き法学を教える。岸本、宮城とともに明治法律学校を創立した。

駿河台キャンパスの「陽だまり広場」に立つ創立者３人の胸像。その功績を称え、それぞれの故郷にも胸像が立つ。

いと思ったのである。

そんなボアソナードのもと、岸本、宮城、矢代は法律家のエリートとして養成された。東京から離れた地方出身者の彼らにとって、選抜生として司法省法学校に入学したこと、そして当代一流の法律家から指導を受けたことは、さぞかし名誉だっただろう。日本の近代化の基礎を担う法律家になるべく学問に打ち込んだ日々は、まさに青春そのものだったに違いない。その後、岸本と宮城はフランスに留学。岸本はパリ大学、宮城はリヨン大学で博士号を取得した。

司法省法学校からは、岸本、宮城のほかにも多くの学生がフランスに留学した。西洋の列強に日本を追いつかせるために留学した彼らの勉学に対するモチベーションは、非常に高かったと想像される。それを裏付けることとして、昼夜を問わずあまりに頑張り過ぎたのか、現地でふたりの若者が命を落としたほどの壮絶さだったという。死こそ免《まぬが》れたものの、宮城も体を壊したという記録が残っている。

ふたりが帰国したのは1880（明治13）年、岸本は2月、続いて宮城が6月に日本の地を再び踏んだ。その後、岸本は判事となり、宮城は検事になった。

別々の道を歩んだかのように思われたふたりだが、明治大学のもうひとりの創立者・矢代により再び人生が交差することになる。

歴史～明治時代

明治法律学校の礎を築いた若き法律家・岸本、宮城、矢代の情熱

フランスに留学した岸本と宮城とは違い、矢代は日本に残って元老院（明治初期の立法機関）に就職していた。しかし、矢代の活動はそれだけに留まらず、代言人《だいげんにん》（現・弁護士）の養成学校である「講法学舎」の運営などにも携わっていた。一節では、司法省法学校の成績があまり振るわなかったといわれている矢代だが、後進の育成にはこのころから興味をもっていたのかもしれない。

また、成績が振るわなかったとはいっても、岸本や宮城より劣った人物であったというわけでは決してない。『明治大学を創った3人の男』（時事通信社）の著者・加来耕三《かくこうぞう》氏はその著書のなかで「もっとも矢代は、極めて才能の広域な人物であった。単に法律をもって、官界に立って立身出世しようとのみ考えていた、多くの学生たちとは大いに違っていた」「二人に比べ、いささか矢代は影がうすいように思われがちだが、（中略）その果たした役割は、決して、宮城、岸本に遜色なかった。むしろ『明治法律学校』にとっては勝っていたともいえる。もし、矢代がいなければ、残りのふたりは法律学校そのものを創り得

たであろうか」と評価している。

フランスから帰国した岸本、宮城のふたりに声を掛け、講法学舎の講師になってもらったのも矢代の功績のひとつであろう。ところが、その講法学舎は経営者と学生の対立などによって分裂し、一部の学生たちが退校することになってしまう。そして、学生たちは長屋を借りて自習をする日々を送ることになる。

そんな学生たちに、岸本と宮城はやさしく接した。「訪ねてくれれば講義してあげよう」と声を掛け、とても喜ばれたそうだ。ふたりは、ボアソナードが語った「法学の普及こそが諸君の天職であり、使命である」という言葉を忘れていなかったのだ。

日本の未来のことを真剣に考えていた彼らにとってみれば、退校した学生たちも将来の法曹界を担う金の卵たち。講師と生徒の関係を越えた、いわば同志なのである。ふたりがそんな彼らを放っておけるはずがなかった。苦学する彼らを、かつてボアソナードのもとやフランスで勉学に励んだ自分たちと重ね合わせたのかもしれない。学生たちは新しい法律学校の設立を待望するようになっていった。

そんな状況を受け、岸本、宮城、矢代の3人は明治法律学校の設立を決意する。東京府に私立法律学校設置の願いを出し、「明治法律学校」が設立されたのが、1881（明治14）年1月17日。当時の彼らはまだ、30歳ほどの若者だった。設立に際しては、岸本、宮

明治時代の明治大学のできごと

日付	できごと
1880年 2月	岸本辰雄、仏国留学より帰朝（宮城浩蔵６月）
12月	明治法律学校設立願提出（麹町区上六番町 36 番地宮城浩蔵屋敷内）
1881年 1月	明治法律学校開校（有楽町３丁目１番地数寄屋橋旧島原藩邸内）
1886年 8月	私立法律特別監督条規公布
12月	有楽町旧島原邸より神田駿河台南甲賀町 11 に新築移転
1888年 7月	校長・教頭の制を置く、初代校長に岸本辰雄、教頭に宮城浩蔵が就任
8月	特別認可学校規則により法律学部・政治学部の２学部が認可される
1900年 2月	校則を改正し、卒業生に「明法学士」の称号を認可
1901年 5月	制服・制帽の制を定める
1903年 8月	明治法律学校を「明治大学」と改称（専門学校令）
1904年 5月	学則改正により法学部・政学部・文学部・商学部設置、各学部に本科・専門科設置
1905年 7月	大学組織を財団法人に改める
1911年10月	最初の記念館落成（現在の駿河台校舎） 創立 30 周年記念式典挙行
1912年 4月	岸本辰雄が逝去
7月	政学部を政治経済科と改称

明治大学 HP「明治大学の歴史（年表）」をもとに作成

明治法律学校から明治大学への改組、校舎の移転など、現在の明治大学へと続く、基礎が明治時代に培われた。

城と同じくフランスに留学経験のある西園寺《さいおんじ》公望《きんもち》に相談をもち掛けたそうだ。設立当初の所在地は、麹町《こうじまち》区・数寄《すき》屋橋《やばし》の一角（現・有楽町マリオン前、数寄屋橋交差点のニュートーキョービル前にある公園）にあった旧島原藩邸内だったという。

明治法律大学の校長には岸本、教頭には宮城が就任し、矢代は実務をこなした。始めは無報酬で学校を切り盛りする日々が続く。講師を依頼した西園寺公望にもギャラは支払っていなかったという。こうした創立者たちの苦労があって、今の明治大学があるのだと思うと感慨深い。

次第に志願者が集まり、経営も安定していった1886（明治19）年、神田《かんだ》駿河台南甲《みなみこう》賀《が》町（現・千代田区神田駿河台）に校舎を建て、移転することになった。

その後、1903（明治36）年8月25日には、専門学校令により「明治大学」という校名に改称。1920（大正9）年4月1日には、大学令により大学として認可された。そして、太平洋戦争後の1949（昭和24）年2月21日に学校教育法によって認可され、現在に至る。当初は法学部・商学部・政治経済学部・文学部・工学部・農学部が置かれた。

もちろん、順風満帆とばかりはいかず、数々の試練を乗り越えて現在の明治大学ができあがったのは言うまでもない。国民を巻き込んで大議論となった「民法典論争」（178ページ参照）での敗北、1923（大正12）年9月11日の関東大震災による校舎の壊滅的な打撃（164ページ参照）など、数々の試練が大学を襲ったのである。

そうした試練を乗り越え、岸本、宮城、矢代のみならず、さまざまな先人の努力によって現在の明治大学が創られてきたことを、忘れてはならない。

明治法律学校の設立の地となった島原藩邸跡には記念の石碑が立てられ、現在でも拝観することができる。設立時の情熱に思いを馳せるため、明大生なら一度は足を運んでみたいスポットである。

歴史～大正時代

三度も焼失、崩壊した記念館。苦悩の大正時代、スポーツの萌芽も

明治大学にとって、大正時代は暗雲立ち込める雰囲気のなかでスタートした。創立者のひとり、岸本辰雄が1912（明治45）年4月に亡くなったのである。岸本は校長として明治大学を率《ひき》い、近代の法整備や法曹の育成に尽力していたところ、出勤途中の電車内で倒れ、帰らぬ人となってしまった。このニュースは当時、新聞等で大きく報道され、多くの人が岸本の死を悼《いた》んだ。

その1カ月前の3月に、ある事件が起こっていただけに、岸本の死は関係者にとって一層のショックとなったであろう。というのも、創立30周年記念に設立された記念館が竣工からわずか5カ月で焼失する惨事に見舞われていたのだ。大学のシンボルとして長く愛されるはずだった記念館の悲劇に、関係者たちはさぞかし落胆したことだろう。

しかし、関係者たちはこの悲劇を乗り越えていく。その年の12月には新しい二代目の記念館が早くも建てられたのだ。一致団結した関係者たちの力は、関東大震災の復興にも発揮されることになる。

大正時代の明治大学のできごと

日付	できごと
1920年 4月	大学令による大学設立認可
11月	明治大学校歌公示（作詞・児玉花外、作曲・山田耕筰）
1921年 2月	大学予科校舎（駿河台）竣工
4月	専門部に二部法科を設置
1923年 4月	専門部に二部経済科を設置
1925年 7月	政治経済学部認可

明治大学HP「明治大学の歴史（年表）をもとに作成

国から私立大学として認可されたり、校歌が公示されたりするなど、今も変わらない明治大学が形づくられた。

1923（大正12）年9月1日に発生した関東大震災は、マグニチュード7・9の大きな揺れを観測し、10万5千人以上の死者・行方不明者を出した。建物の崩壊や火災による焼失など、被害は日本の災害史上最大級であった。

明治大学も当然、壊滅的な被害を受け、二代目の記念館も崩壊してしまった。つまり記念館は、大正時代に三度も焼失、崩壊しているのだ。つくづく悲劇的な運命を背負っている建物である。

しかし、被災1週間後には学生や教職員たちが集まり、奇跡的な早さで復旧・復興が進んだ。たった5年後の1928（昭和3）年4月21日には、復興の式典を行なうことができたという。

もちろん、暗いできごとばかりではなかった。なかでも運動部においては、現在に至る伝統のはじまりともいえる快挙が目白押しだったのも大正時代だった。

1920（大正9）年には第1回の箱根駅伝が開催され

る。当時は参加する大学が少なく、明治大学、早稲田大学、慶應義塾大学、東京高等師範（現・筑波大学）の4校。明治は東京高等師範に次ぐ、第2位だった。

報知新聞は2014（平成26）年5月1日付けの紙面で当時の様子を、「東京高師は鶴見中継所で首位の明治から11分30秒の大差をつけられていたが、アンカーの茂木善作が降雪の中で激走。新橋で追いつくと、有楽町の旧報知新聞社前ゴールに一番で飛び込んだ」と伝えている。大差を引っくり返されたのは悔しい限りだが、第3位の早稲田に勝ったのは、明大生としては溜飲が下がる思いだ。

さらに、関東大震災が起こった年の12月には、初めての明早ラクビー戦が行なわれている。ちなみに、この時は42－3で明治が完敗している。1925（大正14）年には東京六大学野球連盟が結成された。

明治にとって大正は苦悩に満ちた時代だったが、運動部にとっては萌芽の時代だったのである。

歴史～昭和初期

戦時中の明治大学。学徒出陣で321人の戦死者

第二次世界大戦などの戦争は、「学徒出陣」に代表されるように、大学の歴史に暗い影を落とした。明治大学もその例外ではない。暗い時代を明治大学はどのように歩んだのだろうか。

戦時中における明治大学の歴史は『明治大学小史』（学文社）にくわしい。

大正末期から昭和初期には、学生の国家主義運動が盛んになった。

1930年（昭和5）年には、東京帝国大学（現・東京大学）、明治大学、拓殖大学、日本大学、慶應義塾大学などの学生たちによって設立された「興国学生連盟」の支部組織が明治大学に誕生した。この団体は、「無批判な欧米崇拝を警《いまし》め、矯激偏倚《きょうげきへんい》な思想運動を排除し、国家思想・民族思想の研究に留意して、熾盛《しせい》なる愛国的社会運動を支持する」ことなどを目的として設立された。

その後も、明治大学亜細亜学生会、明治大学精神国防研究会、明治大学学生興亜会など複数の国家主義学生団体が設立され、活動が展開されていった。

大学も戦争に加担したという記録がある。

1937（昭和12）年に政府主催の国民精神総動員強化週間の一環として行なわれた明治神宮祈願大行進には、大学の呼び掛けにより予科生1300人が参加したという。

さらに、学内体制も戦争を支持する方向に傾いて行く。

翌1938（昭和13）年には、予備役陸軍少尉が大学の指導局長に就任し、学生にきびしい指導を行なうようになっていった。翌年には「大東亜共栄圏」の実現を目的に人材を育成する興亜科が新学科として創設した。興亜科には経営科、貿易科、農政科、更生科が設けられ、960人の学生を募集した。

学生の指導のみならず、学内の学科体制まで戦時下の社会情勢に順応させようとした大学の意図が読み取れる。

明治大学で学徒出陣壮行会が行なわれたのは、1943（昭和18）年のこと。明治大学発行の『M-style』No.34（2010〈平成22〉年5月20日発行）によると、「教職員は国民服（儀礼章付）、巻脚絆着用、学生は制服、制帽、巻脚絆という戦時色一色の服装で式に臨んだ。壮行式は国民儀礼、国歌斉唱、詔書奉読の後、鵜沢総明《うざわふさあき》総長の壮行の辞、赤神良譲《あかがみりょうじょう》教授の教職員総代の辞、配属将校総代・大田弥三郎大佐の激励の辞、在校生総代の祝辞、出陣学徒総代の答辞と続いた」——とある。壮行会では、『明治大学校歌』

と「天皇のためなら命も惜しまない」という意味の歌詞が含まれた『海ゆかば』が歌われたという。

文部省などが主催した学徒出陣壮行会にも、明治大学の生徒は参加した。

正確な数は定かではないが、１９４３年12月から、１９４５（昭和20）年６月までに３５６５人が陸海軍に入隊したという記録が残っており、そこから推測すると全部で５０００人前後が戦争に駆り出されたことになるという。

戦況の悪化によって多くの学生たちが兵役に就《つ》き、戦場で命を落としていった。神風特別攻撃隊（特攻隊）に明治大学の学生も参加していたという。記録に残っているだけでも、明治大学生の戦死者は３２１人（陸軍１０３人、海軍２０６人、不明12人）にものぼる。

大学が戦争に関与したことは、暗い歴史といわざるを得ない。明治大学では旧日本陸軍が秘密戦兵器の開発や、資材の研究を行なっていた登戸研究所を購入し、現在は明治大学平和教育登戸研究所資料館として保存、公開している。歴史、平和教育の発信地として運営していく方針だ。

過去を反省し、平和な社会を実現するための人材を育成していくことが大学には求められよう。明治大学からも多くの戦死者を出してしまったことを、決して忘れてはならないのだ。

校名

明治大学の名前の由来は、「明治時代」ではなかった⁉

明治大学の校名の由来を聞かれれば、「設立された時の年号が『明治』だから」と答える明大生が多いかもしれない。その回答は間違ってはいないが、正解というには不十分だ。

それでは「明治」という校名は、どのようにつけられたのだろうか。

明治大学の前進である「明治法律学校」の名前の由来は、設立時に記された「明治法律学校設立ノ趣旨」にこう記述されている。

「同心協力して一つの学校を設立し、まさに一般の人々と協力して大いに法の道理を講究し、その真諦《しんたい》を拡張しようと思っている。これを名づけて明治法律学校という。これは、私的に聖徳の高い天皇に遭遇する喜びを顕《あらわ》すものである」

つまり、明治法律学校の「明治」は、徳の高い明治天皇の時代を生きる喜びをたたえてつけられたのである。設立ノ趣旨では、明治国家が早くから法の重要性を認識し、外国から博士を招集したり、留学生を送ったり、学校や団体を設立したりして、法律の普及に尽力したことを評価している。その一方で、法律が訴訟などの単なる争いごとの道具として使われてしまっている現状に対して不満を覚え、明治法律学校を設立することになったというわけだ。

加えて、設立ノ趣旨の最後で、「国の志ある者よ、この志に賛同するならば、好意をもって来会し、共に切磋して、その効果をあげることによって、明治聖代に生きる人間であることに恥じないことを請う」と呼び掛けていることからも、時代を生きる法律家として、日本の近代化をよりよい方向に導いていこうという決意が校名に秘められていることがわかる。

明治という時代を生きた血気盛んな法律家の岸本辰雄、宮城浩蔵、矢代操の3人が、使命感をもって設立した明治法律学校。「明治」という校名には、彼らの気概が込められているのだろう。

冒頭で指摘したが、明治天皇が校名の由来になっているのだから、明治天皇が在位した明治時代が校名の由来だと言っても間違いではない。しかし、創立者たちの熱い思いを考えれば、「聖徳の高い天皇に遭遇する喜びを顕すもの」というフレーズを正確にいえるようにしたいものである。

ちなみに、「明治大学」は1995(平成7)年5月31日に商標登録(第3043764号)されている。

校章・校旗

いつ定められたかは謎？ 秘密のベールに包まれた校章

大学の〝魂〟ともいえる校章。左右に「明治」と書かれ、中央に大学の文字が施された伝統の校章を知らない明大生はいない。ところが、この校章、いつ誰がどのように定めたかがよくわかっていないというのだ。

確実にわかっているのは、１９１５（大正４）年４月に制定された校旗に、校章が使われているということ。さらに、古い記録をさかのぼると、１９１１（明治44）年10月14日に開催された創立30周年記念式の写真に痕跡が残っている。写っている旗を拡大してみると、校章らしきものが確認できるというのだ。なんとも心許《こころもと》ない証拠ではあるが、少なくとも１９１１年以前に定められたというのが、一応の定説になっている。

ほかにも不確かではあるが、校章についての情報はいくつかある。１９０１（明治34）年４月に制帽・制服が定められた際、その帽章と服装釦に「明法」（おそらく明治法律学校の略）という文字が施されていたという。しかし、どのようなデザインだったかの記録は残っておらず、校章の原型となったかどうかは定かではない。

さらに、専門学校令によって「明治大学」という名に改称された1903（明治36）年には制服も変更されたのだが、その帽章と服装釦《ボタン》に明治大学という校章がつけられていた。この校章は現在の校章に近い図案になっているものの、線は細く、細部が異なったデザインになっている。

これまでの話をまとめると、確実に現在の校章が使われていたのが1911年であり、1903年には現在の校章に比較的似ている図案が完成していたということだ。この10年ほどのあいだに、正式なデザインが確定していったと推測できる。

いずれにしても大学当局もこれくらいの情報しかつかんでおらず、その成り立ちは秘密のベールに包まれたままだ。

校章と違って成り立ちがわかっているのが、大学のマークである。明治をアルファベットにした際の「M」の文字がモチーフになり、スクールカラーの紫紺の色が配されたマークは広報にも用いられているため、目にする機会が多い。創立120周年の機会に制定されたもので、コンセプトは「120年の伝統を受け継ぎ、新世紀に向けて大きく飛躍・上昇する明治大学」である。飛躍するイメージなのか、Mの文字が空を羽ばたく翼のようにも見える。当時、商学部商学科4年生だった岸塚大季さん考案のデザインが採用された。

校章、大学マークとも、これからも末永く愛されていくことだろう。

精神

建学の精神に立ち戻れ！「権利自由、独立自治」を胸に

明治大学の建学の精神は「権利自由、独立自治」である。

この意味を明治大学は、「個人の権利や自由を認め、学問の独立を基礎として自律の精神を養うという理念を広く普及させること」と説明している。権利自由は、明治法律学校（現・明治大学）設立の関係者である西園寺公望が起草したといわれている格調高い理想を説いた、「明治法律学校設立ノ趣旨」から取られた言葉だ。

「権利自由、独立自治」の考え方の根底にあるのは「個」の確立という理念である。明治法律学校が設立された1881（明治14）年は、まさに日本の近代化が急速に進んだ時期。自由民権運動の潮流も背景となり、日本国民の個の確立こそが、近代化を開く道だと考えられたのだろう。

明治大学はこの「権利自由、独立自治」という精神を現代風にキャッチフレーズ化し、「世界へ――『個』を強め、世界をつなぎ、未来へ――」

「知の創造と人材の育成を通し、自由で平和、豊かな社会を実現する」

明治大学の「建学の精神」

建学の精神

権利自由、独立自治

使命

世界へ ―「個」を強め、世界をつなぎ、未来へ ―

知の創造と人材の育成を通し、自由で平和、

豊かな社会を実現する

明治大学 HP「建学の精神と使命」をもとに作成

西園寺公望が起草した「設立ノ趣旨」の一節から生まれた明治大学の建学の精神。卒業生なら、この言葉を覚えているだろう。

というふたつの「使命」を掲げている。

どちらもグローバル化する現在の潮流を明治維新や戦後改革に次ぐ「第三の開国」ととらえたうえで、他者との「連携・共生」を図りつつも、「個」として光り輝く人材を育成するという意思が込められている。

明治法律学校は明治維新の熱が冷めやらない時期に設立された。当時、学舎で学んだ若者たちは、建学の精神を胸に日本の近代化の礎《いしずえ》を築こうと激動の時代を駆け抜けたのだろう。

「第三の開国」を生きる現代の私たちも、今一度、「権利自由、独立自治」の精神に立ち戻り、時代を切り開いていきたい。

カラー

あなたはどちらが好み？ 明治カラーの紫紺の由来は二説あり

明治大学のスクールカラーといえば「紫紺」だ。紫紺は明大生にとって最も愛着のあるカラーである。

伝統あるラグビー部のユニフォームには紫紺の横縞が施され、野球部のユニフォームにも紫紺が使われている。新年に開催される箱根駅伝では、紫紺の襷《たすき》がテレビに映し出されるたび、「おっ、明治はこの位置にいるのか」と盛りあがる人も多いことだろう。〝森の賢者〟フクロウがモチーフになった大学の公式キャラクター「めいじろう」も紫紺の色だ。

それではなぜ、スクールカラーが紫紺になったのだろうか。

明治大学のホームページには「明治大学学園だより第4号（1971〈昭和46〉年10月1日発行）『大学史おちぼ集3』より転載」のコラムを掲載し、ふたつの説を紹介している。

ひとつ目は1915（大正4）年4月に校旗がつくられた際、当時の総長である木下友《きのしたとも》三郎《さぶろう》が決めたという説だ。

木下総長は「色階の最上位は深紫です。延喜式《えんぎしき》に拠りますと袍《ほう》の色にも段階がありまして、天子の御衣《ぎょい》は黄櫨染《こうろぜん》として黄に樺のかかったもので、其の他は紫、緋、緑、縹《はなだ》の順位があり、即ち深紫は1位、浅紫は2位、深緋は3位、浅緋は4位、ついで深緑、浅緑、深縹の順で緋は4位以下の色であり、下級の公家を嘲笑して5位の赤蜻蛉《あかとんぼ》などといわれていたもので、私には好感がもてなくて、それ故《ゆえ》向上の意味を写して深紫を採用したわけです」と語ったという。

つまり、紫紺は最上位の色であり、それに向けて向上しようという意味があったのだ。もうひとつの説として、ある「古老の人」の証言が紹介されている。古老の人はこう語ったという。

「当時（明治中期ごろ）までは駿河台あたりにも野の花が咲き乱れており、なかでも一きわ露草の紫草がきわだっていた。それゆえ、明治のカラーを〈紫紺〉にしたのだと聞いたことがあります」

総長の証言が残っているのだから、おそらく前者の方が有力な説なのだろう。しかし、後者の説にも趣《おもむき》があり、もっともらしさもある。どちらの説が好みか意見が分かれると思うが、コラムの筆者は「何だかつくり話めくのだが、どうもこちら（後者）の方が素朴で似合うように感じる」としている。

どちらの説を信じるかは、あなた次第といったところか。

できごと①

明治大学が辛酸を舐めた大事件。中大、早稲田と戦った民法典論争とは

明治大学の歴史に大きな影を落としているできごとがある。おそらく法学部の学生以外は知らない人が多いと思うが、このできごとをきっかけに、一時期、政治的な逆風に明治（当時・明治法律学校）が見舞われたのである。

悔しい歴史ではあるが、明治と他大学の関係を知るうえでも重要な事件なので、知っておいて損はないだろう。

そのできごととは、１８９０（明治23）年に公布された民法をめぐる、いわゆる「民法典論争」だ。

この公布された民法は、フランス法学を信奉するボナソナードや明治法律学校の関係者らが基礎をつくったとされている。しかし、これにケチがつく。イギリス法学派たちが、施行に待ったをかけたのである。

フランス法学の考え方は、明治法律学校が建学の精神として掲げている「権利自由、独立自治」の思想が色濃い。国民一人ひとりが独立し、権利を拡張しようという志向だ。し

民法典論争における対立

フランス法学とイギリス法学との派閥争いともなった民法典論争は、フランス法学派の敗北で決着した。

かし、家族制の考え方が根強かった当時の日本にとって、この思想はいささか先進的過ぎたのかもしれない。

　とくに施行に反対したのは私学では東京法学院（現・中央大学）と東京専門学校（現・早稲田大学）のイギリス法学派である。一方、明治法律学校と和仏法律学校（現・法政大学）は、すでに公布されている民法をそのまま施行することを断固要求する立場。二派は民法の施行を断行するか延期するかで揉めに揉めたのであった。

　民法典論争が国会や国民世論を巻き込んだ大論争に発展していくなかで、ターニングポイントになったのは東京帝国大学（現・東京大学）教授の穂積《ほづみ》八束《やつか》が論文で「民法出デテ忠孝亡（ほろ）ブ」と主張したことだったといわれている。「忠孝亡ブ」というわかりやすい主張が、急速な近代化に戸惑う国民の心に刺さったのだろうか。この主張が国民のあいだで大いに広がり、延期への流れが止まらなくなったという。

結局、明治法律学校をはじめとするフランス法学派は敗北し、家族制を重んじた民法が施行されることになった。

中央大学はその『二十年史』のなかで、「仏文系の諸学校は敗戦の結果、非常なる衰運に遭遇し、（中略）本大学は斯（かか）る戦勝の結果、意気頓（とみ）に揚がり、正に之と反対なる盛況を齎（もた）らし、以て今日に至れり」とつづっている。

明治法律学校はこの結果、卒業生数の減少や講師の質低下などさまざまな影響を被《こうむ》り、経営にも大きな打撃を受けてしまったとされている。明大生としては、なんとも悔しい限りだ。

民法典論争の結果がのちの日本にどのような影響をおよぼしたのかを検証するのは、歴史家の仕事だ。われわれが胸に留めておくべきことは、フランス法学に情熱を注いだ当時の関係者たちが涙をのんだという事実であろう。ボナソナードの失意も相当なものだったに違いない。明治の反骨精神は、こうした歴史から培《つちか》われたのだ。

できごと②

校舎がバリケード封鎖も！明治と学生運動の深いつながり

１９６０年代から70年代にかけて吹き荒れた学生運動の風。既存の体制に疑問をもった学生たちが各地で反旗を翻《ひるがえ》し、キャンパスを封鎖するなどのトラブルが続出した。

当然、明治大学もその例外ではない。

明治では１９６７（昭和42）年ごろに「学費紛争」（いわゆる「明大紛争」）が勃発した。明治大学資料センター編の『明治大学少史』（学文社）によると、ことの発端は大学の財政状況の悪化などから１９６７年度の授業料を値上げせざるを得ない状況になったことだった。当時、学生団体・三派系全学連の拠点校だった明治では、これに対して学生らが強く反発した。

和泉キャンパスでは１９６６（昭和41）年11月24日から、生田キャンパスでは同月28日から、駿河台キャンパスでは12月1日から授業放棄のストライキが開始され、キャンパスはバリケード封鎖された。これに対して翌年の1月28日、大学理事会は学生側に「学費改定による増収分は別途に保管し、学内諸問題の改善策に使用する」などの提案を行ない、和泉と生田ではバリケードが解除された。

しかし、駿河台では理事会案を拒絶し、紛争が続いた。スト続行を唱える強硬派が体育会学生を襲って負傷させる事件も起こったという。

さらに、大学院会議室で行なわれた話し合いの場に200人が押しかけ、理事者を軟禁状態にした。同30日には理事者を解放するため、機動隊が出動する騒動にまで発展した。

全学闘争委員会と大学側が覚書を交わしたのは、2月2日になってからのこと。しかし、その後も一部の学生が覚書に対して意義を唱え、入試を妨害するなどの騒ぎが続く。結局、一部の学生が処分され、7月に理事会が総辞職することで、ようやく紛争は終結した。

もちろん、明大紛争の一件以外でも、明治大学と学生運動の関連は根深い。一時は、日大全共闘や明治、中央の学生が明治通りを封鎖して、その地区が「カルチェ・ラタン」（フランス・パリの学生街で、反体制運動の拠点となった）と呼ばれていたこともあったという。大学のバリケード封鎖も度々、起こっている。

1968（昭和43）年に、明治大学商学部の専任教師になった明治大学の入江《いりえ》隆則《たかのり》名誉教授は、『正論』（2007〈平成19〉年4月号）のコラムで、当時をこう振り返っている。

「朝大学のキャンパスに着いてみると、校舎がゲバ学生に占拠されていて、授業ができないということがよくあった。明大和泉校舎の場合には、校舎の裏側のグラウンドに研修館という建物があって、教職員はそこに集まって様子を見ることになっていた。様子を見るといっても、ゲバ学生が簡単に校舎を明け渡すはずがないので、大抵は昼頃まで待機して、教員は解散するしかなかった」

「当時は明大の和泉校舎と駿河台の校舎のあいだに、スクールバスが運行されていた。そのバスが和泉から駿河台に近づくと、まずわれわれが行なうことは、バスの外の空気の臭いを嗅ぐことだった。つまり催涙ガスが撒かれているかどうかを、確かめることだった。(中略)それは機動隊が駿河台校舎前の道路に展開している証拠であり、ゲバ学生との乱闘が行なわれている可能性があった。そんなところに、カバンを持った教員がバスを降りて、のこのこと歩いていこうものなら、乱闘に巻き込まれて殴られる可能性があった」

当時の様子がありありと伝わってくる記述である。

学生運動の余波はその後も続き、2000(平成12)年には特定セクトの内部対立がきっかけで駿台祭、生田祭が中止。生田では翌年に学園祭が復活したが、駿台祭が明大祭として復活するのは2003(平成15)年になってからだ。

学生運動を負の歴史ととらえるか、時代の1ページととらえるかは判断が分かれるが、明治大学の歴史を語るうえで欠かせないものになっていることは間違いない。

できごと③

法学部で〝大量留年事件〟が発生!? 学部長宅に押しかける学生も

１９９１（平成３）年、明治大学で世間を賑わす〝事件〟が起こった。法学部の卒業予定者１１２４人のうち、４人にひとりが留年したのだ。その２５７人のうち１４８人は、新《にい》美《み》育《いく》文《ふみ》教授の必修科目「債権法」の単位のみを落とした学生だったという。

債権法のテストは再試験、卒業前の特別試験を含めて３回のチャンスが与えられていた。それでも試験に合格できず、留年の憂き目に遭う学生が大量に発生してしまう。試験の内容は「わが民法のもとで、契約を破る自由は、どのように理解されるべきか。参考条文を掲げて論ぜよ」という論述一問のみ。資料を持ち込んでもいい形態で試験が行なわれ、学生たちは各々の回答を提出したが、新美教授は合格の基準に満たないと判断したのだ。

大手企業に内定が決まっていた学生も多く、大学内は大騒動になった。留年が決まったうち約20人が小《こ》松《まつ》俊《とし》雄《お》法学部長の自宅に押しかけたが、「学問の自治に、私が口出しすることはできない」と抗議を退けたという。

この騒動に当時のマスコミは敏感に反応した。『ＡＥＲＡ』（１９９１〈平成３〉年４月

9日号）は、「就職が決まっているのに、社会的影響を考えてほしい」「子どもがもう一年東京で生活する経済負担は大きい」「学校には、愛情がないのだろうか」など親の悲痛な叫びを伝えた。

一方、多摩大学学長の野田一夫《のだかずお》氏の話として「今回の判断を温情で曲げたら明治は堕落する」という見方も伝えている。成績不振者は留年という措置は当然だという主張だ。

明治大学の姿勢を評価する意見は、ほかにもたくさん出されている。

『週刊新潮』（同年4月11日号）のコラムでは、「単位が取れなければ卒業できない、そんなわかりきったことがニュースになるんだから」とあきれるイギリス人記者の声を紹介している。さらに、駿河台大学が「不可」の必修単位を選択科目に変えて67人を温情卒業させたという正反対のニュースを伝え、「本来なら、落第させて鍛え直すのが大学の愛情だ」「狂気の沙汰だ」とアメリカ人記者、ドイツ人記者それぞれの意見を掲載している。

『PLAYBOY』（同年6月号）に掲載された山崎浩一《やまざきこういち》氏のコラムはもっと手きびしい。「救済だぁ？　愛情だぁ？　甘ったれるのもたいがいにしやぁがれ。てめえの頭の悪さを棚に上げて担当教授つるし上げようなんざお門違えってもんだ」と批判している。

日本の大学は入るのがむずかしく、出るのが簡単とされている。留年した学生は気の毒ではあるが、毅然とした態度を取った明治大学法学部の株が上がった側面もあったようだ。

OG

明治出身の女性は法曹界のパイオニア。日本初の女性弁護士を輩出！

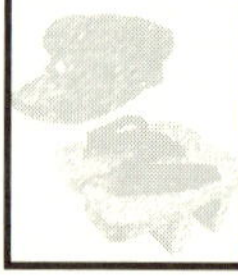

明治大学が女性教育のパイオニアだということをご存じだろうか。

明治といえばバンカラなイメージがあり、学部の学生数も2万９８４９人中、女性が９６５０人と男性のほうが圧倒的に多い（２０１４〈平成26〉年5月1日現在）。なんとなく、「男臭い大学」という印象を世間からもたれている。

しかし、じつはまったく違った側面ももち合わせている。早くから女性教育や社会進出に力を注いでいて、なんと日本初の女性弁護士を3人も同時に輩出しているのだ。

女性が弁護士資格を有することができるようになったのは、１９３６（昭和11）年のこと。その2年後の１９３８（昭和13）年に中田正子《なかたまさこ》、久米愛《くめあい》、三淵嘉子《みぶちよしこ》の3人が司法試験に合格している。

１９４０（昭和15）年には、正式に弁護士となり、各々が法曹界でキャリアをつんだ。「女性法曹の歴史は明大女性法曹の歴史」ともいわれるほど、明治大学出身の女性たちは現在でも法曹界で活躍している。

駿河台キャンパスの「はぎの道」にある「短期大学閉学記念碑」。短期大学は2006年3月に閉学を迎えた。

２０１０（平成22）年には、「中田正子展——明治大学が生んだ日本初の女性弁護士——」という企画展を大学主催で開催している。中田は、鳥取県弁護士会会長、日本弁護士連合会理事などキャリアを重ね、藍綬褒章、勲四等瑞宝章も受章、まさしく女性弁護士の重鎮ともいえる人物だ。

中田は、１９１０（明治43）年に東京の小石川で生まれ、明治大学女子部を卒業後に、法学部に進学した。１９４５（昭和20）年には夫の実家である島根に疎開。夫の結核治療も兼ねていたという。疎開して5年も経たないうちに、鳥取市内にみずからの法律事務所を開業し、弁護士として辣腕を振るった。

中田、九米、三淵の3弁護士は、１９５

2（昭和27）年12月に明治大学女子同窓会を創設した。現在でも明治大学出身の女性弁護士による法律相談や文学、政治等をテーマにした勉強会など、活発に動いている。

こうした女性たちを輩出できた背景には、1929（昭和4）年という早い時期に女子部を設置（1950〈昭和25〉年に短期大学部に編入）するなど、先進的な取り組みを行なっていたという過去がある。現在では考えられないことだが、当時は女性の学問や社会進出の門戸は限られていた。高等教育もいわゆる「良き妻」になることに目的が行なわれていることが多かったという。

そうしたなか、早くから女性の教育に力を入れていた明治大学だからこそ、日本初の女性弁護士を輩出することができたのだろう。

現在は女性の社会進出の重要性が声高に叫ばれている。明治大学はそれを牽引することができる歴史と実績をもっていたのだ。

明治大学はそのほか、女性初の国会議員のひとりである今井はつなど、数々の女性パイオニアたちを輩出している。

最近では女優の北川景子や井上真央などが在籍していたこともあり、「男臭い」というイメージが払拭されてきた。ぜひ、「女性に強い明治」をアピールしていきたいところだ。

服装

「ボロをまとえど」はもう古い？　移り変わっていく明大生のファッション

現在、明治大学のキャンパスに足を運ぶと、華やかなファッションに身を包んだ学生たちの姿が目につく。バンカラなイメージは、今や昔の話だ。都市型の大学に生まれ変わった明治の学生たちは、おしゃれの代名詞だったミッション系大学の学生たちにも負けず劣らずのファッションでキャンパスを彩っている。

それでは、創立当初の学生たちはどうだったのだろうか。

１８９９（明治32）年の卒業記念写真を見てみると、和装やスーツを着た学生たちが写っているのが確認できる。髪型は短髪が多く、なかにはひげを蓄えている学生もいる。今の学生にはない威厳が感じられるファッションだ。

明治大学に制服が定められたのは、１９０１（明治34）年。１９０３（明治36）年には一度改定されている。学ラン風の制服と制帽がセットになっていて、帽章と服装釦にはトレードマークの明治大学という校章が入っていた。

しかし、１９１１（明治44）年の授業風景を写した写真には、制服と着物の学生が入り混ざっていることがわかる。全員が制服を着るようになったのは、1920年代に入ってからだという。

明大生なら誰でも知っている「明大節」には、「大学明治の学生さんは　度胸一つの男立て　度胸一つで神田の町を　歩いて行きます学生服で　学生服なら明大の育ち　ボロは俺らの旗印　ボロはまとえど心は錦　どんな事にもおそれはしない」という歌詞がある。苦学生さながらのボロボロの制服が当時のおしゃれだったのかもしれない。

さらに正確な年は定かではないが、1930年代からは女子部にも制服が定められた。制帽にネクタイ、スカートという凛々しいファッションだ。

男子学生が制服を着ていたのは昭和30年代まで。そこから現在に至る個性的なファッションが徐々に根づいていった。

その後も、長髪やヒッピーのような服装、活動家の象徴であるヘルメットなどが目立った学生運動時代、ハイブランドに身を包んだバブル期など、時代時代にさまざまなファッションがキャンパス内を賑わせてきた。

2014（平成26）年に「リクナビ進学」が発表した「高校生に聞いた大学ブランドランキング」によると、「おしゃれ」部門でなんと明治は第3位ランクインしている（関東地区）。「ボロは俺らの旗印」と言っていたころがあったことを考えると、隔世の感がある。

式典

時代を色濃く反映した創立記念式典。関東大震災の復興、昭和天皇の臨席も

明治大学の前身となった「明治法律学校」が創立されたのは1881（明治14）年。それ以降、節目節目で記念行事が開催されている。

創立20周年式典では、3人の創立者のうち、存命だった岸本辰雄が祝辞を述べた。さらに、翌年1月17日を授業せずに祝う、創立記念日とすることを決めたという。

創立30周年には新築の初代記念館で記念式典を挙行。創立50周年は、関東大震災で被害を受けた記念館の復活の祝賀会も兼ねて開催された。岸本辰雄の胸像もつくられ、なぜか記念運動競技会も開催されたという。

創立60周年の記念式典は、国家・政府の紀元2600年記念にあわせて、1年早い1940（昭和15）年に開催された。靖国神社への参拝なども行なわれ、太平洋戦争に向かう日本社会の情勢が色濃く映し出された式典となった。

創立70周年は戦後間もない1950（昭和25）年に開催され、昭和天皇も臨席したという。1960（昭和35）年の創立80周年記念式典は、1960年代の安保闘争に関するテー

マが記念大学祭で取り上げられるなど、時代背景の影響が反映したイベントとなった。記念事業としてアラスカの学術調査も実施されたという。

1980（昭和55）年に開催された創立100周年の記念式典は、さすがに大がかりだ。日本武道館で開催され、8000人もの関係者が出席したという。創立100周年の準備が始まったのは、1971（昭和46）年というから、10年越しの大事業となる。創立100周年記念行事準備委員会が組織され、33億円以上の募金が集まった。実施した事業も記念式典の挙行、記念講演会の開催、記念映画の製作、2700ページにもおよぶ交友名簿の作成、大学会館、図書館の建設、学術調査、国際交流基金の設立など多岐にわたった。

そして、2011（平成23）年11月1日には、創立130周年記念式典が開催された。2011年といえば、東日本大震災が起こった年。納谷廣美《なやひろみ》学長は、「そんな今こそ明治大学の時代。現在の学生が社会で重要な地位を占め、活躍しているであろう〝20年後の世界〟を想定し、いかなる困難に直面しても『前へ』の精神で人材育成に取り組んでいきたい」と述べている。

時代時代の影響を強く受けながら、開催されていった記念式典。創立150年、200年にはどのような式典が開催されるのか。できれば平和で明るい社会を象徴したものになってほしいものである。

後援会

大学、学生だけではない！明治ブランドを支える卒業生と父母

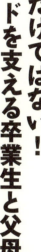

学外で活動する組織が明治大学にはいくつもある。

そのひとつが「交友会」だ。「交友」とは明治独自の用語で、ようは卒業生たちを指す。現在、全国に約52万人を有する。

その歴史は古く、１８８６（明治19）年には第一回の総会が行なわれている。「明治大学を賛助し、会員相互の親睦を図る」ことを目的とする団体だ。全国に56支部あり、韓国と台湾にも1支部ずつある。

活動は多岐にわたる。大学と交友会支部が共催して各地で講演会を開くのもそのひとつ。明治大学の知を地域に広めることで、大学のＰＲもしている。また、学生への給付金や学園祭、スポーツ活動、文化活動の助成なども行なっている。

さらに、交流サイト「紫紺ＮＥＴ」も運営しており、登録者にはＧｏｏｇｌｅ社と連携して「生涯メールアドレス」が配布されるという。

大学の同窓会組織では慶應義塾大学の「三田会」が有名だが、明治でも「交友会」に代

表されるように卒業生たちの結束は強い。こうしたバックアップ組織があることは、大学や学生にとって頼もしい限りだろう。学生にとっては、卒業後のネットワークづくりにも活用でき、卒業後も愛校心をもつことにもつながる。

さらに、明治には「連合父母会」という組織も存在する。

連合父母会はその名のとおり、父母が運営している組織。1972（昭和47）年に岡山県で設立されたのがきっかけとなり、1974（昭和49）年には全国50地区に設立されるに至った。現在では、57地区へと規模が拡大されている。

父母懇談会は、父母が大学と面談形式の個別相談を行なう事業だ。父母は大学の担当者に、子どもの学生生活についてや、成績、進級、卒業、就職、進路などの相談を行なうことができる。また、父母同士が交流するイベントも開かれているほか、学生に対する奨学金制度も設けている。

さらに連合父母会は、「連合父母会文学賞」の運営も行なっている。明治に在籍した文化人の名前を冠した「倉橋由美子《くらはしゆみこ》文芸賞（小説部門）」と「阿久悠《あくゆう》作詞賞」を設け、学生を表彰している。

明治を支えるのは大学と学生だけではない。卒業生や父母たちの助けがあってこそ、明治ブランドが構築されているのである。

関係①

〝涙橋〟を渡る明大生たち。早稲田コンプレックスは明治の伝統？

明治大学のライバルといえば、早稲田大学である。

世間一般のイメージでは、早稲田のライバルは慶應義塾大学だが、明大生にとっては、断固として早稲田のライバルの座を譲るわけにはいかない。なぜ、そこまで明大生は早稲田にこだわるのか。

最も大きな理由は、受験の際のトラウマだろう。偏差値が明治大学より高く、同じバンカラのイメージをもっているからなのか、受験の際に早稲田と明治を両方受けるというケースが多いことは知られている。つまり、早稲田に落ちて明治に入学するというパターンが定番になっているのだ。

そのため、明大生のなかには「早稲田コンプレックス」を抱えている学生もいる。明大前駅から文系の1、2年生が通う和泉キャンパスに行く途中に甲州街道を渡る陸橋があるが、それを〝涙橋〟と呼ぶ伝統もある。「なぜ、俺が明治に……」という思いでキャンパスに足を運ぶなんて悲し過ぎるようにも思えるが、それだけ明大生の早稲田に対する怨念は強いということだろう。最近では現役志向が高まっているため減っているかもしれないが、かつては現役で明治に受かっても蹴って浪人したり、仮面浪人したりして早稲田を再受験する学生も一定数いた。

スポーツの分野でも、明大生にとって早稲田は仇敵だ。ラグビーや野球などの六大学リーグでは、早慶戦が世間的には盛り上がる。しかし、明大生にとっては断然、「早明戦」だ。いやこの言い方をすると怒り出す明大生がいるので、あえて言い直そう。「明早戦」こそが、明大生にとっては、いちばん魂が震える戦いなのだ。

社会人になってからも対抗心を燃やす人もいて、「早稲田出身者だけには負けたくない」と社内の同僚に密かなライバル心を抱くビジネスパーソンもいるという。

歴史をさかのぼれば、1890（明治23）年に公布された民法をめぐって施行断行か、延期かを争ったのも東京専門学校（現・早稲田大学）だった。すでにくわしく述べたが、この時は早稲田に敗北し、明治を含むフランス法学派は辛酸をなめたのであった。

しかし、最近では入学志願者数で早稲田を抜くなど、お株を奪う躍進を見せている明治。次第に「早稲田コンプレックス」は薄れてきたようにも思える。しかし、明治と早稲田のライバル関係はこれからも続くだろう。よきライバルとして、たがいを高め合う関係でありたい。

関係②

ライバル？　それとも同志？　法政大学との複雑な関係

法政大学といえば同じ東京六大学に属する大学だ。受験の偏差値区分であるMARCH（明治、青山、立教、中央、法政）でも同じ位置にあるため、双方を受験する学生もいるだろう。実際に明大生のなかには、早稲田大学と並んで法政を意識する風潮がある。

ある現役明大生に話を聞くと、「法政に落ちて明治に入ったり、明治に落ちて法政に入ったり、両方受かってどちらかを選んだ学生もいて、ライバル意識をもっているケースが多い」という。一方、早稲田、慶應義塾大学、上智大学などの私立上位校と比較して親近感がもてるという声もあり、同族意識があるのも明治と法政の特徴だ。歴史的に見ても、法政とのつながりは深く、ライバルであり同志であるという関係は連綿と続いている。

法政は明治の創立者たちと同じボアソナードに影響を受けた薩埵《さった》正邦《まさくに》が中心になって創立された「東京法学校」に源流がある。同校に東京仏学校法律科が合流してできたのが「和仏法律学校」、のちの法政大学だ。ボアソナードや明治の創立者たちの出身校でもある司法省法学校が後押しして地位を確立していった。一時期は明治法律学校と学生獲得争いをしていたという。その争いは熾烈で、『大学の誕生（上）』（中公新書）によると「共倒れが懸念されるほど」だったという。

すでに紹介したとおり、同じフランス法学派の大学だった法政は、民法論争では共闘し、イギリス法派の東京法学院（現・中央大学）と東京専門学校（現・早稲田大学）に破れた。同じ苦境の日々を送った戦友でもあるのだ。大学の理念を見ても法政大学は指針のひとつとして、「独立自由な人格の形成」を掲げており、明治の建学の精神である「独立自治」とどことなく重なる部分がある。同じフランス法学の流れをくむ大学なだけに、共通した心意気が感じられるのも、むべなるかなといったところか。

学生からの人気はどうなのだろうか。明治は私大の出願者数（2014年）で近畿大学に次いで第2位（それまでは4年連続1位だった）。他方、法政大学は第5位だ。人気では明治は一歩先にいっているようである。

さらにいえば、法政大学の前身である東京法学社（和仏法律学校への改称前）の所在地が、明大通りを挟んだ現在の駿河台日本大学病院なのだから、なんとも不思議な縁だ。

なお、市ヶ谷にある法政の高層キャンパス「ボアソナード・タワー」は高さ122・43メートルで、明治のリバティタワーは高さ119・47メートルをわずかに上回っている。竣工はボアソナード・タワーのほうが遅い。明治に対抗して高く建てたのだろうか。

part6

明治大学を支える付属校・系列校

組織

大学から寵愛を受ける〝長男坊〟。直属の付属校は明大明治だけ!?

明治大学の付属校は、以下の3校だ。

1校目は、かつて大学近くの御茶の水にあり、現在は同じ東京都でも郊外の調布市へと移転した明治大学付属明治中学校および高等学校（通称・明大明治）。2校目は、1929（昭和4）年の創設以来、一貫して東中野に拠点を置く、明治大学付属中野中学校および高等学校（通称・明大中野）。そして3校目が創設から30年ほどと、最も新しい明治大学付属中野八王子中学校および高等学校（通称・明大中野八王子）である。

いずれも、明治大学の傘下にある中高一貫教育校で、内部進学率がきわめて高いという点で共通しているが、設置、運営する学校法人に大きな違いがある。明大明治は学校法人明治大学、明大中野と明大中野八王子は学校法人中野学園がそれぞれ運営に携わっているため、直属の付属校は明大明治だけなのだ。

では、明大中野と明大中野八王子を創設し、現在でも運営元となっている学校法人中野学園に目を向けてみたい。

そもそも学校法人とは、幼稚園、保育園から大学院までを含めた私立の学校および教育機関を設置するためにつくられる公益法人のことである。つまり、一般企業のような利潤の追求を目的とせず、社会に対して広く利益を与えることが、その概念とされている。よって、前述の営利法人よりも税制等で保護を受けられるなどのメリットがあるが、設置に関しては国の審査を通らなければならない。

学校法人中野学園が設立されたのは、明大中野が創設されたのと同じ、1929年のこと。明治時代から昭和初期にかけて、宗教家として名を馳せた御木徳一《みきとくはる》によってつくられた。御木が同年に徳光育英会という財団法人を組織化し、財源を確保。そして、現在の明大中野にあたる旧制中野中学校を開校したのである。

その後、しばらくは明治大学とかかわりをもたない時代が続くが、1949（昭和24）年に明治の付属校となり、現在に至っている。

もう一方の明大中野八王子は、それから35年後の1984（昭和59）年に開校した。教育の規模を広げ、新たな価値観をつくりだすために、女子学生の受け入れを決定。明治の付属校としては初めてとなる男女共学校が誕生したのである。

このように誕生から現在に至るまで、両校とも明治の冠はついているものの、学校法人中野学園が運営しているため、直系の付属校ではないというわけだ。

それは、大学からの扱いにも、はっきりと表われている。

2004（平成16）年に、明治は付属高との連携をはかる「明治大学カレッジプログラム」を制定する。これは、明大明治に在学する2年生および3年生を対象とした、大学の授業を履修できる制度。制定の翌年から実施されているのだが、明大中野や明大中野八王子の生徒は、この制度を利用できない。

対象となる明大明治の生徒も、高校の推薦や大学の選考などを経て選ばれるため、一部の生徒しか利用できないが、直系の付属でない両校には、その権利自体がないのである。大学の授業を高校時代から体験できるだけでなく、一定の成績を残して単位を取得すれば、内部進学後の大学の成績にも加算されるなど、メリットが大きい。

こうした制度が始まる以前から、明治と明大明治には交流があった。大学から教授が派遣され、政治経済や会計、第二外国語など専門的な講義を週に2コマ程度受けられ、現在でもこの交流は継続されているという。運営にあたる学校法人が異なるため、当然といえば当然かもしれないが、長男（長女）にあたる明大明治は、次男や三男・三女よりも寵愛を受けているのだ。

明治大学関連の組織図

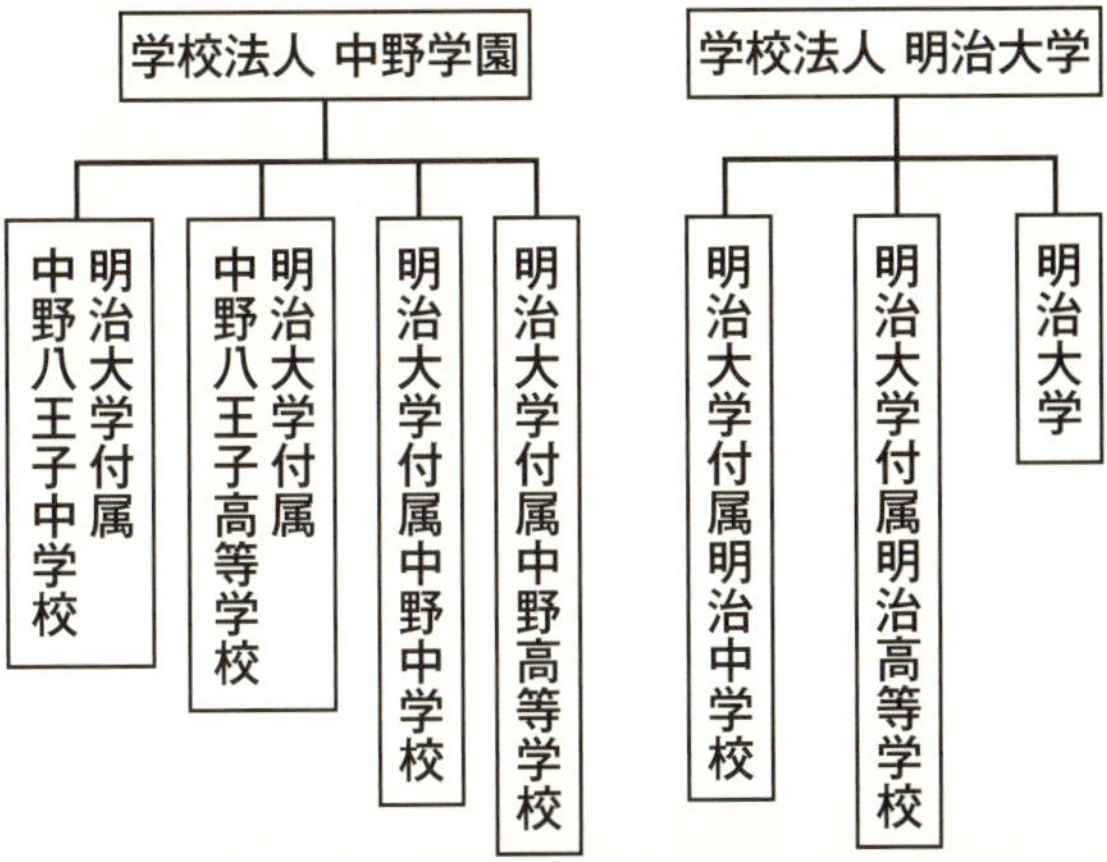

名前	創設年(所在地)	活躍
明治大学付属明治高等学校・中学校	1912年(東京都調布市)	学校法人明治大学が創設、運営する中高一貫高。唯一の直系の付属校である。長く駿河台キャンパス近くにあり、男子校であったが、2008年の調布市移転を機に男女共学化。ほぼすべての生徒が明治大学へと進学する。
明治大学付属中野高等学校・中学校	1929年(東京都中野区)	旧制中野中学校が前身の中高一貫教育校。明大明治とは異なり、学校法人中野学園が運営するため直属の付属校ではない。創設から一貫して男子校。近年、内部進学率が上昇し、中高受験生の人気を集めている。
明治大学付属中野八王子高等学校・中学校	1984年(東京都八王子市)	明大中野と同じく、設立・運営は学校法人中野学園。付属校で最も新しいが、創設当初から男女共学を導入している中高一貫校。2002年に週5日・2学期制が導入されたが、2012年に3学期制に変更された。

明治大学と中野学園で学校法人は違えど、同じ明治大学の付属校として、明治の名を背負っている。

明大明治①

男女共学化、校舎移転……。移りゆく明治付属の代表校

明治大学付属明治高等学校および中学校は、明治大学で唯一、直系の付属校である。明治には、そのほかに明治大学付属中野、明治大学付属中野八王子といった付属校が存在するのだが、運営母体となる学校法人が明大明治とは異なるため、直系の付属校ではない。

明大明治は「学校法人明治大学」が、１９１２（明治45）年に設立し、現在でも運営を行なっている。「明明《めいめい》」の愛称で広く親しまれ、１９４８（昭和23）年から現在にいたる中高一貫教育を確立。そのため、ほぼすべての生徒が明治へと進学する。また、直系の中学および高校で3年間、あるいは6年間を過ごすこともあり、結果として、ほかの付属校に比べて明治に対する愛校心や帰属意識が高い生徒が多いともいわれている。

創設者は当時、大学の学長も務めていた岸本辰雄《きしもとたつお》だ。当初は大学構内に校舎が建設され、そこで生徒たちは授業を受けていたが、創設から10年後の１９２２（大正11）年に大学からほど近い猿楽町《さるがくちょう》に移転された。校訓は「質実剛健」および「独立自治」であり、大学と変わらない。こうした校風を具現化するように、長く男子校として存在し続けた。

しかし、２００８（平成20）年、明明にとってエポックメイキングなできごとが起こる。男女共学となり、同時に東京都調布市へ移転。もともと大学のグラウンドとして使用していた跡地に校舎と付属施設が建設されたのだ。都心の御茶の水で学生時代を過ごしたＯＢからは、少なからず反対の声もあったというが、明明がこれまでになかった新しい顔をもち始めていることだけは間違いない。

現在の生徒数は、中学が３学年合わせて約５００名、高校が約８００名。１クラスは平均35～40名で、中学は１学年５クラス、高校は７クラスとなっている。つまり、高校段階からの入学者が１学年あたり約１００名。大学同様に私学の雄として知られており、きびしい受験戦争を突破して、明明の門を叩くということになる。

その受験に目を向けてみると、そもそも明明の生徒は、早稲田大学や慶應義塾大学の付属校、そのほかの難関校を第一志望としながらも受験に失敗し、第二志望として入学する生徒が少なくないという。近親者が明治および付属校の出身であり、明治大学に強い思いを抱いて入学を果たす傾向はそれほど見られないようだ。早稲田や慶應ねらいで明治へ入学というパターンは、どこかひと昔前の大学入試を思い起こさせる。

偏差値は試算する予備校によって異なるが、中学は60前後。ここ３年ほどの倍率は第１回が３・５倍前後、第２回が６～７倍と高く、明治大学自体の人気の高まりをこうした数字からも実感できる。高校になると偏差値は一気に70台まで跳ね上がり、都内の高校受験における最難関クラスにカテゴライズされる。

中高一貫教育であり、かつ大学への内部進学がほぼ１００％ということもあって、ある種独特な授業が行なわれていたという。その傾向はとりわけ高校で強い。

とくに御茶の水に校舎があった当時は、大学に近かったこともあり、非常に専門的な授業も行なわれていた。たとえば、ひとつの文学作品を1年間かけて学ぶ現代文、理科にもかかわらず、なぜかクラシックを聞き、感想の提出を求められる授業などもあったという。「独立自治」の精神が、教室のひとコマにまで浸透していたということだろうか。そうした風潮は移転した現在でも名残があるそうだ。

前述したように、ほぼすべての生徒が明治へと内部進学を果たすが、その基準となるのが中間や期末などの定期テスト。ただし、条件はそこまできびしいものではなく、学校が指定する平均点をクリアすれば、ほぼ間違いなく進学が可能だ。なかには東大などの国公立やほかの私学へと進む生徒も少数ながらいる。

明大明治②

男女共学化でイメージが一変!?「我々こそが、真の明大生だ!」

現在まで、約１００年にわたり中高私学の名門として君臨してきた明明だが、近年における画期的なできごとといえば、前項で記したとおり、男女共学化だろう。それまで大学近くの御茶の水にあった校舎が、東京都調布市に移転されたのが２００８（平成20）年。これを機に男子校から共学校へと生まれ変わり、学校や生徒に多少なりとも変化が生まれている。

まずは生徒の出身地の変化が大きい。東京都千代田区に校舎があったころは、台東区や墨田区などの城東地域、つまり東京23区における東側から通ってくる生徒が多く、移転以前はこの城東地域を含めて、23区から通う生徒が半数以上を占めていた。土地柄もあって、親が自営業を営む学生も一定数おり、この近辺における〝地元の私学〟というイメージが強かったそうだ。

ところが、東京の西側郊外にあたる現在の所在地、調布市に移転後は23区内から通う生徒が減少。その代わりに調布市近辺の市部から登校する生徒が増えている。

御茶の水と調布では、当然、〝遊び場〟も変わってくる。

かつての所在地、御茶の水は楽器店が軒を連ねるなど、どこか文化の香りがする街だ。同時に、古書街が有名な神保町、電気街として知られる秋葉原が近く、それぞれの趣味嗜好に合わせて、思い思いに放課後や休日の時間を過ごした。

一方の調布は郊外に位置することもあり、東京都区部のベッドタウンという色合いが濃く、御茶の水の立地と比較すると文化的とはいえない。しかし、放課後に駅前のカラオケ店やゲームセンター、簡易的なスポーツ施設などにくり出す生徒もおり、形は変わっても青春を謳歌している。

前項でも触れたように、明治直属の付属校ということもあり、明明の生徒は明治に対する帰属意識がとても強い。大学進学後、地方出身者やほかの付属校出身の学生に対して、「我々こそ本当の明大生だ！」という意識をもつ学生も一部にはいて、明明出身者だけでグループをつくり、サークルを設立する卒業生も存在するという。そもそも在学中に、始業式や終業式などで大学と同じ校歌や応援歌を合唱するため、自然と愛校心が生まれて高まるともいわれている。さらには、明大中野や明大中野八王子の生徒と中学や高校時代にほとんど交流がないことも大きい。

こうしたことに加えて、明明のなかでも、中学からの在学者と高校からの入学者でグループが分かれる傾向がある。高校受験の難易度が高いため、中学からの生徒は高校入学者に対し、「勉強がよくできるタイプ」というイメージをもちがちだという。取り立てて対立構造があるわけではないが、一定の警戒心を抱くのは間違いないようだ。ただし、調布に移転し男女共学となってからは、以前よりも校内に一体感が生まれている。

それは、とりわけ文化祭などのイベントで顕著に表われる。

火の使用の禁止や、危険防止のためにお化け屋敷等で過剰に暗くすることを禁じるなど規制はきびしいが、立地的な制約もあって外部の出入りが少なく、校内の学生で大いに盛り上がるそうだ。部活単位での出し物や飲食などの出店、さらに近年では、コーヒーカップやジェットコースターなどのアトラクションが設置されることもあるという。ちなみに、体育祭は中学のみで行なわれ、高校は球技大会に切りかわる。

現在、運動部に強豪と呼べる部はほぼないが、過去には硬式野球部が春夏通算7回、甲子園出場を果たしている。この出場のうち3回は、のちに明治大学野球部監督となる島岡吉郎が指揮を執った。1958(昭和33)年には、王貞治《おうさだはる》を擁する早稲田実業学校(高等部)を決勝で破る快挙を成し遂げている。文化系の吹奏楽は強く、2013(平成25)年には都大会で銀賞を獲得。ただし、厳密には〝部〟ではなく、〝班(吹奏楽班)〟に規定されている。

明大中野

校則のきびしい男子校。定期テストの集中力と暗記力には自信あり？

学生や関係者から「明中《めいなか》」の愛称で親しまれている明治大学付属中野中学校および高等学校。かつては昭和アイドルを中心に多くの芸能人が在籍していた学校として知られ、都内の中学・高校においては継続して人気が高い中高一貫の私学である。

校名に「明治大学」とあるとおり、明治の付属校であることに間違いはないが、厳密には直系の付属校ではない。明大明治が学校法人明治大学によって設立・運営されているのに対し、明中の母体は学校法人中野学園。この点が同じ付属校ながら直系であるか、そうでないかの違いを生んでいる。

学校自体の創設は１９２９（昭和４）年。東京都中野区に、旧制中野中学校として始まった。当時の校訓は「質実剛毅・協同自治」、明治大学や明大明治が標榜する「質実剛健・独立自治」と微妙に異なる点が、直系の付属校ではない哀愁を少しばかり感じさせる。ちなみに現在の校訓は目的、情緒、行動の３つに分けられ、それぞれに「修学・研心・錬身」「質実・剛毅」「完責・協同・自治」と取るべき具体的な行動が示されている。

創設から80年が過ぎた今でも、所在地は東京都中野区で変わらず、最寄り駅はJR総武線東中野駅である。そして、もうひとつ、以前と変わらずに明中を明中たらしめているのが、男子校であるという点だ。これは創設から一貫しており、明大明治や明大中野八王子が共学あるいは共学化を進めていっても、現在にいたるまで変わっていない。そのため、男子校ならではの文化が醸成され、付属校のなかでも異質な存在となっている。

まず何よりも、校則がきびしい。

髪型や服装、遅刻には教員からのきびしい視線が注がれ、突発的な持ち物検査などもかつては頻繁に行なわれていたという。また、以前は〝鉄拳制裁〟を辞さないような雰囲気もあって、生徒たちは戦々恐々としていた時期もあったそうだ。

立地的に新宿が近いこともあり、放課後や休日には仲間内で都心の繁華街へとくり出す生徒も多かったという。ゲームセンターやカラオケ店などで遊び、日ごろのストレスを発散するといったところだろうか。

だが、最も男子校らしさが垣間見れるのは文化祭かもしれない。

出し物や出店が部活単位で行なわれるのは明大明治と変わらないが、多くの一般学生は学外からやってきた女子高生に声をかけることが、明中の学祭における行動パターンのひとつだという。立地もよく、また近辺に女子高が少なくないため、こうした行事が出会いの場となる一面もあるようだ。また会う約束を取りつけたり、逆に女子高の文化祭のチケットをもらうなどしているという。

同じ大きな行事として、体育祭も忘れてはいけない。正式名称は「桜山祭　体育の部」。なお、前述の文化祭は「桜山祭　文化の部」である。かつては中学だけで開催されていたが、現在は高校でも催されるようになった。徒競走やリレー、投てき種目など、かなり本格的な陸上種目で勝敗を競い合う。ちなみに、中学、高校とも立川市にある立川公園陸上競技場が開催地となっている。

学校周辺の飲食店も、男子校ならではといえる。東中野駅前のパスタ屋「モーゼ（MOSES）」、名物の鉄板麺が何度もメディアで取り上げられた「大盛軒」などが、明中の生徒の胃袋を満たしている。いずれも味は間違いなく、ボリュームも満点で育ち盛りの男子中高生にはたまらない店だ。その青春時代の味を忘れられず、卒業後も定期的に通うOBも少なくないという。

受験に関しては、明明と同様、中学よりも高校のほうが圧倒的に難易度は高い。現在の平均的な偏差値は中学で50台前半、高校では65前後である。タイプとしては、本命として受験した生徒、すべり止めで入学した生徒に、ハッキリと二分されるという。

生徒数は中学が1学年250名前後。高校受験組が1年に約150名が入学し、全体で

400人前後となる。こちらも明明と同じく、中学組と高校入学組で仲間となるグループが分かれがちだという。

気になる高校から明治大学への内部進学だが、近年、その割合が大きく上昇している。2013（平成25）年の実績でいえば、400人中、その8割弱にあたる302人が明治へ推薦入学を果たした。以前はおよそ半数しか内部進学できず、うち2割が二部（当時）への進学だった。

これは、かつての明中卒業生が、明治在学中に難関の資格試験を突破するなどの実績を残したことが大きいとされている。

進学のおもな基準は、生活態度などを含めた高校3年間の定期評価。当然3年時の成績が大きく響くため、2年後半から勉強に本気を出す生徒が急増するらしい。定期テストは一問一答形式のものが多いため、短期的な記憶力や集中力が高まるという説もあるとか。

部活で全国的な強豪といえば、水泳部（水球）である。屋内プールが古くからあり、施設が充実していることが大きく、中学、高校ともに全国大会の常連。2014（平成26）年も中学は都大会で優勝を果たし、全国ベスト16に進出。高校も都大会優勝、関東大会ベスト4という成績を残した。また、高校のラグビー部からは年に1～2名ほど、名門である大学のラグビー部へと入部する選手がいる。

明大中野八王子

付属校男女共学のパイオニア。大学への内部進学率が近年急上昇！

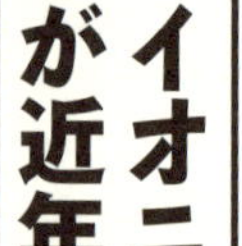

明治大学付属中野八王子中学校および高等学校は、「明大中野」と同様に、学校法人中野学園によって設立、運営されている。つまり、厳密には付属校ではなく、直系の付属校ではない。そのため、学校名に中野が入っている。生徒や関係者からは「明八《めいはち》」や「明中《めいなか》八王子《はちおうじ》」と呼ばれることが多い。

創設は１９８４（昭和59）年。所在地は校名にあるとおり、東京都八王子市である。明大中野がグラウンドとして使用していた土地に校舎が建てられ、その歴史がスタートした。多くの生徒の最寄り駅となっているＪＲ八王子駅および秋川駅から、専用のスクールバスに乗って通学している。

広大な土地に、本格的な陸上競技場や野球場、25メートルプールなどを有しているため、部活動が盛んだ。とくに高校の硬式野球部はここ15年ほどで、夏の甲子園西東京大会において二度の準優勝を果たしている強豪校。また、中高一貫教育のため、剣道部や柔道部、ゴルフ部、水泳部、卓球部などは中学生と高校生が共に活動し、切磋琢磨している。

特色は付属校として初めて、男女共学を取り入れた点にある。もともとは男子部と女子部に分かれており、スクールバスまで男女別にするほど徹底していた。それを創設10周年にあたる1994（平成6）年に、完全共学化。2008（平成20）年に共学化した明大明治よりも早かったのだ。

入試状況や大学への内部進学に目を向けてみると、中学受験の難易度では各予備校が試算する偏差値において、同じ付属校の明大明治が飛び抜けているが、明大中野とはほぼ変わらない数字が出ている。入試自体は二度行なわれ、近年の定員数は男女合わせて160名。実質倍率は男女や受験回によって異なるが、約2〜6倍である。そして、ほぼすべての生徒が付属の高校へと進学していく。

高校受験は明大明治や明大中野よりやや落ちるものの、それでも試算される偏差値が60台と、なかなかの難易度である。定員は推薦入試と一般入試を合わせて、男女150名。一般入試の倍率が2012（平成24）年からの3年間で、3・1倍から5・6倍に跳ね上がっている。

明治大学への内部進学率は、かつては推薦枠に限りがあったため、50〜60％だったが、近年は約80％まで上昇。こうした数字も受験者数の増加につながっていると考えられる。進学先としては、法学部、政治経済学部、商学部の人気が高いようだ。

系列大学

国際大学を系列法人化。授業はなんと英語オンリー！

２０１３（平成25）年2月、明治大学は学内において、ある記者会見を行なった。多くのメディアが集まる会見場で発表されたのは、新潟県にある国際大学との系列法人化に関する協定の締結だった。それ以前の２０１１（平成23）年から、明治と国際大学は、連携と協力に関する協定書を結んでいたが、より明確な系列法人化となり、明治の国際化が一段と進んだできごとといえるだろう。

新潟県の国際大学はもともと独立した学校法人である。通称はＩＵＪ（インターナショナル・ユニバーシティ・オブ・ジャパン）。１９７６（昭和51）年に創立準備のための財団が設立され、１９８２（昭和57）年に大学院国際関係学研究科が開設。その翌年に学生の受け入れが始まった。

最も特徴的なのが、文学部や経済学部といった独立した学部をもたず、大学院のみが設置された、日本初の「大学院大学」という点だろう。修士課程のプログラムに、国際関係学研究科と国際経営学研究科の2学科があり、学生たちは専門的な知識や教養を身につけ、世界で活躍する国際人を目指す。ちなみに、ほぼすべての学生が海外からの留学生であり、大学直営の学生寮で暮らしている。授業はすべて英語で行なわれ、教授の外国人比率が50%を上回るなど、文字通りの〝国際〟大学だ。

近年、国際化に力を入れていた明治は、こうした取り組みや高い実績を評価。国際大学も明治がもつ総合大学としてのスケールの大きさを共有できることから、両者の利害が一致。明治としては国際化のさらなる進展、国際大学には日本人学生の増加を望めるなどのメリットがあり、この系列法人化が実現したのである。

契約期間は5年。ただし、あくまで系列法人化であって、厳密には別法人のままだ。明治からはその過半数にあたる6名の理事と、1名の監事が派遣されているが、その関係は変わらない。

また、国際大学の系列化に先立って、2008（平成20）年に国際日本学部がつくられた。目的は日本文化を海外、国際的に発信できる人材の育成。英語の授業が入学後からのカリキュラムに取り入れられ、グローバルな活躍ができる国際人の養成機関としての役割ももっているようだ。

学生は同時に、日本のコンテンツビジネスやメディア、知財文化に関するマネジメントを学び、卒業後にこうした日本独自の文化を海外に発信するための素養を身につける。

廃止・統合

有名芸能人の宝庫だった明中の定時制。かつては八丈島に付属校があった⁉

1881(明治14)年に明治法律学校として産声《うぶごえ》をあげた明治大学。そこから数えて130年以上、大学そのものとしても90年以上にわたって明治が歩んできた道は、統廃合の歴史といいかえることもできるだろう。

日本初の女性弁護士を生み出すなど輝かしい功績を残した明治大学短期大学は、2006(平成18)年度末をもって廃止され、その2年前につくられた情報コミュニケーション学部に組み込まれた。

また、社会人や、ほかの活動等で昼間に時間の取れない学生にニーズのあった二部(夜間部)も、2004(平成16)年に募集を停止。大学の意向や、時代とともに変わり続ける新しい価値観への対応など、そのときどきの事情によって、明治は変化を遂げてきたのである。

このように、時代の流れによって短期大学や二部が廃止や統合に至ったが、付属校もその例外ではない。東中野を所在地とする明大中野(明中)も大学の二部にあたる定時制課程が廃止されている。

明中の定時制は、かつて多くの芸能人や有名人が通っていたことで知られる。

芸能活動に多くの時間を取られ、全日制へと通うことが困難な学生たちが、立地のよさや明治の看板、あるいは芸能人が在籍し続けた実績に魅力を感じて、入学を果たしてきた。

その顔ぶれはとにかく豪華。とくに多いのが昭和のアイドルたちである。

ジャニーズの「少年隊」メンバーの錦織一清《にしきおりかずきよ》、植草克秀《うえくさかつひで》、東山紀之《ひがしやまのりゆき》はいずれも明中定時制の出身。「光ＧＥＮＧＩ」の内海光司《うちうみこうじ》や大沢樹生《おおさわみきお》、また、「シブがき隊」の全メンバーも通っていた。ただし、芸能活動による時間的制約があったのか、全員が中退している。さらには、近藤真彦《こんどうまさひこ》や野村義男《のむらよしお》などジャニーズアイドルのそうそうたる面々が明中に顔をそろえていた。前述したように、ジャニーズには明中を中退してしまう者が多い一方で、「男闘呼組《おとこぐみ》」の前田耕陽《まえだこうよう》は、明大中野八王子から編入し、6年がかりで卒業までこぎつけている。

ほかにも、西城秀樹《さいじょうひでき》や城《じょう》みちるが在籍。女性では麻丘《あさおか》めぐみ、浅香唯《あさかゆい》、河合奈保子《かわいなおこ》、小《こ》泉今日子《いずみきょうこ》、中森明菜《なかもりあきな》など当時のトップアイドルが東中野で学生生活を送っていた。

音楽関係で興味深いのは、ヘヴィメタルバンド「ＬＯＵＤＮＥＳＳ」のギタリストとして世界的な評価を受ける、高崎晃《たかさきあきら》である。大阪府出身の高崎は地元の高校から編入。ＬＯＵＤＮＥＳＳ結成以前に所属していたバンド「レイジー」のメンバーで、現在はアニソン歌手として知られる影山《かげやま》ヒロノブや、ともにLOUDNESSを結成する田中宏幸《たなかひろゆき》らと同じ時間を明中の定時制で過ごした。

女性歌手や音楽グループでは、「PRINCESS PRINCESS」の岸谷香《きしたにかおり》（旧姓・奥居《おくい》）、現在は演歌歌手として活躍する城之内早苗《じょうのうちさなえ》、『翼の折れたエンジェル』のヒットで知られる中村《なかむら》あゆみなどが在籍していた。

「ウルフ」の愛称で親しまれた昭和の名横綱・千代《ちよ》の富士貢《ふじみつぐ》も中退ながら在籍していたことがある。

このように、数々の著名な芸能人を輩出してきた明中の定時制は、1950（昭和25）年に認可され、翌々年の3月に第1期の卒業生が送り出された。しかし、徐々に生徒数を減らし、2003（平成15）年に廃止された。

明中は学校自体ではなく、定時制課程のみがなくなった形だが、付属校そのものが廃止されたケースもある。温暖な気候から日本のハワイと呼ばれ、人気の観光スポットとなっている八丈島。この伊豆諸島の島のひとつに、かつて明治の付属校が存在した。明治大学付属八丈島高等学校である。

八丈島高校が開校したのは1950年。ちょうど明中に定時制ができたのと同じ年だ。当時の八丈島の人口は約1万人。終戦から数年が経ち、高校生の数も増えつつあるなかで

「島に高校を！」という声が高まり、男女共学の高校として設立に至った。その2年前に、現在の東京都立八丈高等学校（通称・八高）にあたる東京都立園芸高等学校八丈分校が開校しており、人口わずか1万人の島に高校がふたつ存在していたことになる。

ただし、長くは存続できなかった。

八丈島自体は明治と同じ東京都だが、そこはやはり離島。人件費や郵送費、渡航費など都内の高校では考えられないような経費が重なって、経営を圧迫。5年後の1955（昭和30）年6月に廃校となった。付属校としては男女共学の先駆けであり、大学にとっても新たな試みだったが、約300人の卒業生を輩出するにとどまった。現在は、前述した八高が、八丈島唯一の高校となっている。

系列機関においても廃止されたところは少なくない。歴史的見地から見て、面白いのが、多くのアジア人留学生を受け入れてきた「経緯学堂」だ。

開設は1904（明治37）年のこと。明治法律学校時代から韓国を中心に留学生が多く、その数が徐々に増えたため、日本独自の言語や文化などを教える予備教育機関として開校され、6年間機能した。だが、その実態や留学生の消息など不明点が多い。そのため、2010（平成22）年度に5名の教授を中心としたチームが組まれ、「近代東アジア人材養成における明治大学・経緯学堂の役割」という特別研究が行なわれた。

参考文献

『明治大学小史―〈個〉を強くする大学130年』明治大学史資料センター編（学文社）
『明治大学小史―人物編』明治大学史資料センター編（学文社）
『明治大学という「武器」を持て』中村三郎（経済界）
『おお、明治』軍司貞則（廣済堂出版）
『大学の誕生（上）』天野郁夫（中央公論新社）
『明治大学を創った三人の男』加来耕三（時事通信社）
『「前へ」明治大学ラグビー部　受け継がれゆく北島忠治の魂』明治大学ラグビー部（カンゼン）

その他、明治大学の各種ウェブサイト、ガイドブック、入試資料などを参考にしました。

カバーデザイン・イラスト／杉本欣右
編集・構成・本文デザイン・図版・DTP／造事務所
取材・文／三谷悠、宮崎智之

編者

造事務所（ぞうじむしょ）
1985年設立の企画・編集会社。編著となる単行本は年間30数冊にのぼる。おもな編著書に『OB・現役学生なら知っておきたい大学の真実 慶應義塾大学の「今」を読む』『OB・現役学生なら知っておきたい大学の真実 早稲田大学の「今」を読む』（じっぴコンパクト新書）、『日本人が知らないヨーロッパ46カ国の国民性』（PHP文庫）、『30の戦いからよむ日本史』（日経ビジネス人文庫）、『47都道府県の「戦国」』（だいわ文庫）などがある。

※本書は書き下ろしオリジナルです。

じっぴコンパクト新書 241

JIPPI Compact

OB・現役学生《げんえきがくせい》なら知《し》っておきたい大学《だいがく》の真実《しんじつ》
明治大学《めいじだいがく》の「今《いま》」を読《よ》む

2015年2月6日 初版第1刷発行

編　者……………造事務所
発行者……………村山秀夫
発行所……………実業之日本社
〒104-8233 東京都中央区京橋3-7-5 京橋スクエア
電話（編集）03-3535-2393
　（販売）03-3535-4441
http://www.j-n.co.jp/
印刷所……………大日本印刷
製本所……………ブックアート

ISBN978-4-408-11114-8（学芸）